CU01160322

Storiejagter

Deur Abel Botha

© Abel Botha 2023
Storiejagter

Uitgegee deur Abel Botha
Postnet Suite 459,
Privaat sak X4019,
Tzaneen, 0850
mwabelb@mweb.co.za

ISBN 9798867148744

Alle regte voorbehou. Geen gedeelte van hierdie publikasie mag sonder verlof van die uitgewer gereproduseer of in enige vorm *deur* elektroniese of meganiese middel weergegee word nie, hetsy deur fotokopiëring, skrif of bandopname of deur ander stelsel vir inligtingsbewaring en -ontsluiting

Opgedra aan twee óú jagters, Ossie Osmers en Dok Piet Botes, wat mens hoop gee om nog 'n paar jare te mag jag - albei is ouer as 80 jaar en albei jag nog steeds!

Ander boeke deur die skrywer :

'n Vygiebedding vol sterre (digbundel)

Nederig voor die genade.. (Christelike boek)

Toe ashope nog kampvure was

As kampvuur-as eers wegwaai....

Op soek na nog óú Kampvure

Die lewe is 'n storie

Kampvuurstories raak nooit op nie

Kampvure broei mos stories uit

Stories uit nuwe kampvure

Voorwoord :

As mens nie meer stories het om te skryf nie, dan moet jy maar *Storiejagter* word as jy nog 'n boek wil skryf – jy moet maar spoor vat van goeie storie-vertellers met besondere stories, en elke storie self loop haal. Dit klink na 'n baie goeie gedagte, maar toe ek nou rêrig begin jag, kom ek agter dat dit glad nie so maklik is nie. Daar is baie stories daarbuite, ja, maar meeste van hulle sal ver loop haal moet word. Dit vat tyd en dit kos geld. En sommige van die uitstekende stories wat ek tydens my storie-jag om kampvure gehoor het, kan nie in hierdie boek geskryf word nie. Want met die manier hoe die wêreld in die laaste drie of vier jaar verander het moet mens maar versigtig wees wat jy skryf, en ek dink my kantoor met sy uitsig oor die dam en die Wolkberg pas my baie beter as wat ek deur die tralies na 'n bewaarder sou moes loer!

Maar intussen het iets anders ook verander. En dis dat ek weer baie óú vriende herontdek het en met hulle begin gesels het, meesal per e-pos. En vir party van hulle my stel boeke gestuur het. En die terugvoering wat ek veral by een vriend, Kobus Harmse, wie ek in ons matriek jaar laas gesien het gekry het, se kommentaar en sy eie soortgelyke ondervindings wat hy telkens in sy kommentaar (op feitlik elkeen van my stories!) met my gedeel het, was vir my goud werd. Want sy stories het my skielik weer aan sommer 'n klomp gebeurtenisse herinner wat self stories sou word. Ek is hom rêrig dankbaar daarvoor. Ook vir die ander ou vriende se positiewe terugvoering wat my inspireer het om weer te skryf.

'n Ander ou vriend van my, Horst Baumann van Windhoek, en 'n ou vriendin van Hentiesbaai, Mariette

Fourie, het my baie gehelp om die moeilikste storie in hierdie boek se spoor tot op die einde te kon volg, waaroor ek ook baie dankbaar is.

Dan my ou vriend Daan Roux. Hy het, toe hy my laaste boek lees, vir my ook 'n klomp stories gestuur wat hy wou hê ek in hierdie boek moes plaas. Ek het van die begin af vir hom gesê dat ek dit nie gaan doen nie – nie omdat ek dink sy stories is nie goed genoeg nie (inteendeel!), maar bloot oor die feit dat ek gevoel het dat hy, wat al baie grootwild in sy lewe gejag het, dit verskuldig is aan sy kinders (wat baie van sy stories nooit eers gehoor het nie) en sy ou jag-vriende, om sy eie boek te skryf. Ek het al die stories wat hy gestuur het, selfs in die regte formaat aan hom gestuur sodat hy net kon verder gaan en die boek vol skryf.

Maar toe ek agterna weer nadink oor die saak, en ek terugdink aan hoe ek vir talle van my vriende en familie, almal met 'n hele arsenaal stories, dieselfde gedoen het, het ek anders besluit. Want ek het agtergekom dat die ou spreekwoord van: "Jy kan 'n perd tot by die water bring ....", baie waar is. Want nie een van hulle het ooit 'n boek voltooi nie! (Behalwe vriend Kobus Harmse, wat tans besig is om sy eie boek te skryf)

Daarom het ek besluit: Ek is dit verskuldig aan Daan, terwille van al ons jag- en ander ondervindings saam, deur ons jarelange vriendskap, om darem ten minste een van sy stories (dié een waarvan die herinnering hom die naaste aan die hart lê) in hierdie boek in te voeg. Miskien, as hy sy storie in druk sien, spoor dit hom dalk net aan om tog daardie boek (of boeke) klaar te skryf!

Abel Botha Tzaneen November 2023

INHOUD

'n Ouboet moet mos "taf" wees	9
"Weet jy wat is de Beer?"	15
Die sterk man van die Namib	21
As jou vrou nie wil glo dat dit nié aspris was nie!	35
My groot jag wat amper nie was nie - *Daan Roux*	39
'n Projek word gekelder	47
'n Verstommende skoot	53
'n Mamba is 'n liederlike ding!	57
Tewie Wessels	69
As beurt-krag jou jag befoeter (of nie)	75
Ons Wakkerstroom jag	83
'n Amperse katastrofe in die Kaokoveld	99
Malatel op Sodwana	104
Om aan die verkeerde venster te klop	111
Verskonings in die jagveld	119
Blesbokke, 'n meisie en 'n gróót nood	123
'n Buffel en 'n knipmes	129
Wiele en steil afdraandes	137
Twee buffels op Letaba Ranch	145
Kan 'n rooibok pienk sien?	153
Minder lekker nagte onder die sterre	161
Dok Piet se Kalahari besoek	173

'n Ouboet moet mos "taf" wees

Ouboet Gerhard is vier jaar ouer as ek. Kleinboet Jopie weer, is drie jaar jonger as ek. Nou, as mens so by die 35 jarige ouderdom verbygaan, is vier jaar nie juis 'n noemenswaardige verskil nie. As jy op laerskool is, is dit 'n reuse verskil.

In ons kleintyd was Ouboet ook nog baie sterker en frisser gebou, en ook baie langer as ek en Jopie, of as ek en my maats. Wie op daardie stadium, op laerskool, eintlik net my neef Vic Osmers en my groot vriend Piet de Jager was. Jopie se vriend was maar van altyd af ons goeie vriend Karl Osmers.

Ons was dus, uit die aard van die saak, maar baie versigtig en skrikkerig vir Ouboet. Wat natuurlik nie genoeg aansporing was om hom nie darem partykeer ongenadig te terg nie. Miskien was dit juis die skrikkerigheid en die gevaar daaraan verbonde – 'n boerseun se avonture móét mos 'n element van gevaar ook inhê, anders is dit mos te vervelig om aan te pak. En ons kon darem vinniger as hy vir hom weghardloop, want ons het altyd gesorg dat ons sommer 'n hele ent voorsprong op hom het vóórdat ons met die tergery begin het. Wat ongelukkig nie *altyd* gehelp het nie.

Want eendag, toe Piet weer 'n slag by my gekuier het, het ons vir Ouboet weer erg geterg oor iets. Ons het nogal taamlik goed weggespring met die weghardlopery, maar ons het dalk ons voorsprong bietjie onderskat. Want Ouboet het toevallig 'n lemoen in sy hand gehad met ons wegspringslag – en dalk moes hy in sy jong dae eerder krieket as 'n sport beoefen het (in plaas van boks), want sy gooi na Piet met die lemoen is 'n voltreffer. En hy het die lemoen, wat vir Piet mooi tussen die blaaie tref, met soveel krag gegooi dat Piet net daar neergeslaan het – so uit soos 'n kers! "Laaits-out", het ons dit in ons Laerskool Afrikaans genoem. En dit was seker die enigste keer in ons laerskool tyd dat ons vir Ouboet bekommerd gesien het – hy het gedog hy het dalk vir Piet dood gegooi!

Maar die goed wat ons alles met Ouboet aangevang het, was darem nie altyd aspris nie, partykeer was dit darem 'n ongeluk ook. Soos die slag met die pyl en boog – alhoewel Ouboet tot vandag toe glo dat dit doelbewus was en glad nie 'n ongeluk nie.

Van kleintyd af wou ons (dis nou ek, my broers en my vriende hierbo genoem), net jag. In daardie tyd was dit met die kettie en windbuks, en altyd in die digte bosse, avokado boorde en vleie op Doornhoek. Maar 'n pyl-en-boog het my ook baie interesseer, daarom was ek nog baie klein toe ek vir my 'n pyl en boog gemaak het. Sien, ek het op daardie stadium pas die boek "Skankwan van die duine" van die Hobson broers, oor die Boesmantjie Skankwan, klaar gelees. En ek wou ook soos hy met pyl en boog jag. Die punt op die pyl moes natuurlik skerp wees, daarom het ek 'n slim plan gemaak met hierdie punt.

Op 'n stadium, vroeg in ons laerskooljare, het ons nog met regte inkpenne geskryf – elke skoolbank het 'n inkpotjie gehad en dan doop jy die penpunt in hierdie inkpot en skryf dan daarmee. Nou, een van hierdie skerp inkpen punte was, volgens my laerskool logika, die perfekte punt vir een van my riet pyle.

Maar natuurlik het ek nooit iets kon skiet met hierdie kinder-boog nie, net vir Ouboet. Want toe ek, net nadat ek die pyl met inkpen punt klaar gemaak het, die boog span sover as my laerskool arms dit kon trek, en die pyl begin vlieg, kom Ouboet skuins van voor by my verbygehardloop en die penpunt pyl tref hom mooi voor in die middel van sy borskas. En daar hang die penpunt pyl in sy borskas!

Maar daardie dag kon hy my nie vang nie – ek het waarskynlik 'n adrenalien oordosis in my are gekry van skrik, soos 'n gekweste blouwildebees! Maar soos reeds gesê, hy glo my vandag nog nie dat dit 'n ongeluk was nie.

Die keer met die windbuks – ja dit was definitief nie 'n ongeluk nie, maar willens en wetens. Maar nou moet hierdie storie ook 'n entjie terug geloop haal word.

Op 'n stadium in hierdie tyd, kry Ouboet vir óf sy verjaarsdag óf vir Kersfees, 'n Gecado nr. 1 windbuks persent. Dit was vir ons seker die mooiste iets wat ons nog op daardie stadium in ons lewens gesien het. (meisies was nog nie rêrig op die spyskaart nie).

En, alhoewel ons in die begin nie ook met die windbuks kon skiet nie ("Dis mý geweer – nét ek skiet daarmee!" – jy ken mos die storie), mog ons darem later, toe die nuwigheid bietjie vervaag het, ook daarmee skiet. En ek dink ek kan met reg sê dat hierdie windbuks al drie ons broers leer skiet het (en leer ráák skiet het).

Want met hierdie windbuks het ek en kleinboet Jopie later seker honderde voëltjies geskiet – veral tiptolle in die laning moerbeibome wat op die grens tussen my pa en Vic se pa se gedeeltes van die plaas *Doornhoek* geplant was. (Ja, toemaar, daar is vandag nog net soveel tiptolle hier op my werf, en bewaar die laaitie se siel wat dit vandag probeer skiet – nou pas ons hulle op!) Dis nou totdat die veer so pap geword het dat dit net nie meer akkuraat geskiet het nie. Ons het 'n paar keer die veer uitgehaal en dit probeer uit-rek, waarna dit vir 'n kort rukkie 'n bietjie beter geskiet het, maar later het dit heeltemal te pap geword. En nie een van ons het geld gehad om 'n nuwe veer te koop nie - ek weet nie eers of daar windbuks vere in daardie tyd beskikbaar was om te koop nie.

Eendag, toe hierdie veer nou rêrig op sy laaste was, skiet ons 'n skoot daarmee oor Vic hulle se plaasdam. Ons kon die koeëltjie duidelik met 'n boog sien trek om nie ver voor ons, in die water te val nie.

Dis net toe wat Ouboet sê: "Die ding is nou so pap, ek sal op tien tree gaan buk voor hom!"

"Nou toe," sê ek vir hom, "gaan buk, ek sal skiet."

Ons tree tien tree af en Ouboet gaan buk daar. Maar nou het ek ook mos gesien met watter krom boog hierdie koeëltjie trek, nie net hy nie. Daarom korrel ek so 'n halwe meter bokant sy boude, en trek die sneller.

Maar waar was jy? Ouboet klim in die lug in op sonder dat daar 'n leer is, maar net toe hy sy hand so halfpad uitsteek om die geniepsige hou op sy boud te vryf, onthou hy skielik: "'n Ouboet moet mos 'taf' wees!"

En hy draai daar om na ons toe en sê (terwyl hy maak asof dit sommer niks is nie): "Ek het julle gesê ek sal op tien tree gaan buk voor hierdie pellet!"

Gelukkig het hy darem net 'n potblou kol oorgehou, want die koeëltjie het darem nie in sy boud ingegaan nie – daarvoor was die veer net te pap.

Maar moet ook nou nie dink dat dit net Ouboet was wat pyn moes ervaar deur my toedoen nie, kyk, hy het my darem ook lelik pyn en lyding laat ervaar met 'n slenterslag waar hy my mee uitgevang het.

In die verlede het ons op 'n stadium hout kissies aanmekaar getimmer vir die avokado's wat ons verpak het, anders as die kartonhouers waarin boere dit deesdae verpak. Wanneer die avokado's dalk groter was as wat die normale kissie kon vat, moes ons spasieerders bo-op die kopkante van die kissies vaskap om die deksel te lig, sodat die groter avo's kon pas. Ons het dit "klietse" genoem, en dit het gewoonlik in bondels gekom, met draad aanmekaar gebind.

Eendag, toe ons weer besig was om kissies te slaan en avokado's te pak, stuur Ouboet my om 'n bondel kliets onder die een rak, in die hoek, te gaan uithaal. En dit was ook willens en wetens, want hy het presies geweet wat daar was! Want toe ek die bondel kliets daar uithaal, pak daardie swerm rooi-bye my mos, en steek my, meesal in my gesig! My gesig was so opgeswel dat ek vir 'n paar dae nie kon skooltoe gaan nie, al twee my oë was bottoe geswel!

"Weet jy wat is de Beer?"

Dit was in die jare toe Dok Piet Botes nog die plaas agter die Soutpansberg gehad het, voordat die droogte daar hom amper uitgeroei het. Want hy het daar met beeste geboer, en, na amper 60 jaar wat ek al gereeld agter die berg kom, het daardie Bosveld my geleer: dis nie 'n plek om met beeste te boer nie.

Ja, wanneer dit die jaar goed reën, soos vanjaar, kan jy beeste daar spekvet laat word op die Bosveld se uitstekende soet-grasse, maar boeta, as dit loop droog word! Dan voel jy naderhand so vasgekeer soos 'n rooikat in 'n vanghok – jy wil net uit, maar daar is geen manier om te kán uit nie!

Ek onthou nog goed hoe geskok ons as laerskool kinders was om te hoor dat dit een jaar so droog was dat 'n boer sy Bybel opgeskeur het – hy wou net nie meer glo dat 'n Hoër Hand so iets sou kon toelaat nie, dat al sy beeste tot die laaste een toe gevrek het van honger nie. Daardie jare was daar nie altyd voer te koop nie en in elk geval geen geld om te kon koop, sou daar nog beskikbaar wees nie.

Die enigste boer, wie ek in later jare goed leer ken het, wat dit kon regkry om suksesvol met bees agter die berg te kon boer, was oom Gawie Bosman. Maar dan, hy het die Bosveld agter die berg geken soos min ander, en hy het sy eie unieke manier gehad om die droogtes daar te hanteer.

Hy het presies geweet aan die tekens wanneer 'n ernstige droogte sy doodvat begin, en dan het hy elke bees en bok, ja, elke klou op daardie plaas verkoop. Dan het hy en die tante alleen, sonder 'n dier op die plaas (behalwe hulle klompie hoenders), die droogte sit en uit-wag. Ek weet, want ek was self eenkeer saam met Johan Coetzer by hulle aan huis tydens so 'n droogte.

Dan, nadat die droogte verby was, het hy weer vee ingekoop, wel seker net twee derdes van die getal wat hy voor die droogte gehad het, maar ten minste kon hy dan weer aangaan met sy boerdery sonder te veel verlies en het hy nie uitgeboer soos so baie ander van sy bure nie.

Maar kyk waar trek ek nou al weer sonder dat ek eers begin het met Dok Piet se storie – soos gewoonlik, sal vorige lesers van my boeke seker sê. En hierdie storie, wat Dok Piet vertel het dié slag toe ek saam met hom en Cobus Vosloo op sy plaas naby Baltimore gekuier het, is 'n kostelike storie wat eintlik nie uitgestel behoort te word voordat dit vertel word nie.

Dit het gebeur toe Dok Piet eenslag ook jagters op die plaas gehad het. Maar een van die jagters kwes toe 'n koedoe en Dok Piet kon nie dadelik by die spreekkamer wegkom nie. Daarom bel hy sy een buurman, oom Petie, en vra of hy nie dalk kan gaan help nie, want die gekweste koedoe is skynbaar op pad na die ander buurman se plaas toe.

Oom Petie was 'n effens eksentrieke mens. Nee, dis eintlik nie heeltemal reg nie. Want volgens Dok Piet se beskrywing van hom, was hy eintlik presies dié soort mens wat die Bybel "Die sout van die aarde" noem. 'n Opregte en eenvoudige boer van die Bosveld agter die Soutpansberg. Maar "eenvoudig" in die beste sin van die woord – soos dat reg reg is en verkeerd verkeerd, sonder grys areas tussenin, en ook soos in 'n nederige, goeie mens. Soos die volgende seker sal illustreer.

Want eendag vertel hy vir Dok Piet: "Doktertjie," (so het die ou Dok Piet altyd aangespreek), "ek het nou 'n groot probleem. My seunskind in die Kaap wat by die Polisie se hondeskool werk, wil nou trou – hulle het mos 'honeymoon' gehou voor hulle nog getrou het. Maar nou is die probleem: hulle wil nou opsluit in die Kaap trou, en hoe kom ek nou daar?"

"Maar oom Petie, jy kan mos maar afry soontoe – die tante kan mos help bestuur, of nog makliker, soontoe vlieg," sê Dok Piet.

Waarop oom Petie antwoord: "Doktertjie, sien jy daardie berg," (dis nou die Soutpansberg, van die noordekant af gesien), "nou ja, ek was nog nooit eers anderkant daardie berg nie, nou wil jy hê ek moet sountoe ry? En vlieg? Sien jy daai windpomp? As ek moet opklim om iets aan die kop reg te maak, moet ek toe oë klim, as ek afkyk draai die hele wêreld om my en wil ek net af foeter. Dan wil jy hê ek moet doer bo in 'n erreplyn gaan vlieg?"

"Oom Petie," sê Dok Piet, "dit sal nie so moeilik wees nie, tot op Pietersburg sal Oom maklik kan ry. Ek sal vir Oom mooi teken op 'n stuk papier en mooi verduidelik hoe om deur Pietersburg te ry tot op die snelweg, en daarvandaan kan Oom net aanhou ry totdat oom 'n restaurant sien wat dwarsoor die snelweg gebou is. Daar kan oom afdraai en Oom se dogter in Pretoria bel en vra om Oom daar te kry en lughawe toe te vat. En dis nie naastenby so erg om te vlieg as wat oom dink nie."

En sowaar, oom Petie het vir Dok Piet geluister en dit net so gedoen. En met die terugkom slag darem lang stories vir Dok Piet vertel van die vliegtuig vlieëry, hoe die loods daai vliegtuig eers kwaai "oprev" en dan skielik die brieke los dat die grond so vinnig langs jou verbytrek, so vinnig soos hy nie eers met sy bakkie kan ry nie, en hoe jy teen die kussings vasgedruk word met die opstyg self sodat jy nie eers kan roer nie.

En hy sê: "Maar toe ons opstyg en die loods die vliegtuig so skuins draai en vertel waarvoor ons moet kyk aan die regterkant, het ek maar liewers my oê toegehou en nie gekyk nie. Maar toe hy later vertel dat ons moet kyk vir Kroonstad onder ons, het ek my oë op skrefies oopgemaak en vir my vrou gesê – kyk nou vlieg ons level! Maar weet jy, dis net toe dat die vliegtuig so 'n ruk gee en weerskante toe waggel, en ek sê vir my vrou: nou is daar verseker vuilgoed in sy carburator!" En toe het ek darem ordentlik 'geworry!'

"En Dokterjie, jy moes sien hoe vinnig daardie grond na ons toe opgekom het met die gaan sit-slag – ek was bitterlik bly dat ek dit oorleef het. Nee, jy moet tog nooit weer vir my vra om so iets te doen nie!"

Maar, om nou terug te kom by ons storie. Toe Dok Piet uiteindelik op die plaas aankom, sien hy daar is 'n ernstige stryery en beduiery teen die lyndraad aan die gang. Want die koedoe *is* toe deur die draad na die buurman se kant. Die buurman, sy van is de Beer, staan anderkant die draad en beweer dat die koedoe op sy grond geskiet is, en nie op Dok Piet se grond nie.

"Maar kan jy dan nie sien nie," hoor hy oom Petie sê toe hy uitklim, "dis tog duidelik: die koedoe is van hierdie plaas deur die draad na jou toe. Hier is sy spore dan, en hier kan jy duidelik die bloed op die spoor aan hierdie kant van die draad sien!"

"Nee," sê die de Beer buurman, "daardie koedoe is in my grond geskiet, dis mý koedoe wat hulle geskiet het!"

Maar oom Petie, wat aan die korterige kant is, word so kwaad dat hy op en af spring van boosheid. Dan skreeu hy amper vir die buurman: "De Beer, de Beer! Man, weet jy wat is de Beer? De Beer is de ram van de vark!"

Die sterk man van die Namib

Natuurlik was daar nie net een sterk man daar in die suide van Suidwes (Namibië) nie, my skoonpa se oom, Sterk Hendrik *Wasserval*, (ook 'n Hendrik Blaauw, soos my skoonpa) was byvoorbeeld net so sterk. Hy het eendag 'n donkie met die vuis doodgeslaan (om patrone te spaar), en dit alleen op die wa gelaai, sodat hy die donkie se vleis vir sy varke kon gaan opkook! Maar hierdie storie gaan nie oor hom nie, maar oor oom Hugo Truter van die Namib.

Die titel van hierdie boek is *"Storiejagter"*. Nou, as jy 'n wiskundige vergelyking van jag wil maak, kan jy dalk een formule daarvoor gebruik wat sou kon sê: dat **Jag = spoorsny**. As dit waar sou wees, dan het ek hierdie storie rêrig waar ernstig gejag. Maar as jy jag sal jy nie sommer 'n ou spoor volg nie. En dis wat hierdie storie so moeilik gemaak het om te jag, want dit is amper 50 jaar gelede wat hierdie spesifieke spoor vir die eerste keer in my geheue getrap is – dit is hoe lank gelede dit is wat ek die eerste keer van oom Hugo Truter gehoor het. En ek het al sewe jaar gelede begin om hierdie ou spoor te volg, sonder te veel sukses.

Maar dankie tog vir óú vriende! Want vroeg in hierdie week, toe ek besluit dat dit nóú die tyd is dat ek by die einde van hierdie spoor moet uitkom, besluit ek om 'n ou vriend (wat van hom geweet het) en 'n ou vriendin, wie die oom in later jare geken het, te kontak. En vandag, na al die jare, kon ek skielik op my "bok" afkom – en dit nog boonop helder en duidelik uitmaak ook!

Die vriend is my ou vriend Horst Baumann, wie saam met my in ons eerste jaar op Tukkies in die Taaibos koshuis gebly het, en met wie ek deur die jare nog op 'n ongereelde basis kontak bly behou het, en wat tans in Windhoek bly. Dit is by sy skoonpa, Herr Hans Heinz Schulz, wie ek die eerste keer van Oom Hugo Truter gehoor het, of dan *Hugo Sesriem Truter*, soos hy in daardie jare bekend gestaan het – om hom te onderskei van die ander Hugo Truter's wat ook in die omgewing gebly het.

Horst het vir my 'n kosbare stukkie geskiedenis gestuur, waarvan hy uit die boek-reeks "Gondwana history – Momentaufnahmen aus der Vergangenheit Namibias", vir my afskrifte gemaak het. Gelukkig is my lees-kennis van Duits nog nie te verroes nie, sodat ek alles kon verstaan wat die skrywer vertel het.

Hierdie gedeelte is geskryf deur Manfred Goldbeck, wat die "CEO" van Gondwana was, en wat 'n paar boeke oor interessante gebeurtenisse en persone geskryf het. (In Duits en Engels). Hy was natuurlik nie die alleen-skrywer nie, daar was ander skrywers ook betrokke by hierdie boek-reeks, wat bestaan uit sewe boeke. Hy ken nogal die geskiedenis van SWA. Gondwana het baie "lodges" versprei oor die hele Namibië. Dus gaan ek eers die interessante gedeeltes oor Hugo Truter se lewensverhaal uit hierdie afskrifte vertel (met erkenning aan die skrywer), en laastens sal ek dan die storie wat Herr Hans Schulz my van hulle besoek op sy plaas vertel het, skryf.

Die vertelling van hierdie skrywer begin met die aanspraak dat Hugo 'Sesriem' Truter "Bärenstark" was, met ander woorde, so sterk soos 'n beer. Dit volgens staaltjies wat die skrywer by mense van die omgewing gehoor het. En dit wat Herr Hans Schultz met sy eie oë tydens sy besoek op die plaas gesien het, bevestig dit. Ook wat Horst, wat 'n 30 000 Ha trofeejag plaas in daardie omgewing besit het - soos die kraai vlieg 15 kilometer van Sesriem – dalk hier en daar by van die ou inwoners gehoor het. Maar hieroor eers later. Ek wil eers by die begin begin, om dit nou so toutologies uit te druk.

Hugo Johannes Truter is in 1897 gebore, as die seun van 'n boer in die Pofadder omgewing. Die Truter voorvaders kom uit Duitsland, uit die "Osterode am Harz." Die eerste Truter het in 1722 as soldaat in die Kaap aangekom. Ná sy uittrede uit die

Militêre diens, het hy as Hooftuinier in die VOIC se tuine gewerk.

Hugo het baie arm groot geword, hy was trouens vir die hele eerste helfte van sy lewe baie arm, tot en met die opbloei van die karakoel bedryf in die laat 1940's, toe hy vir die eerste keer welvaart begin beleef het.

Op 16 jarige ouderdom loop hy van die huis af weg om by generaal Manie Maritz se rebelle kommando aan te sluit. Met die finale onderdrukking van die rebellie word hy in Januarie 1915, saam met baie ander rebelle, gevange geneem en die doodstraf weens hoogverraad opgelê. Gelukkig word hy na 'n paar maande in die tronk, vrygespreek op grond van die feit dat hy nog minderjarig was.

Iewers rondom 1920 trou hy met sy eerste vrou, Regina (die eerste van vier vrouens waarmee hy getroud was!) Na hulle troue keer hy terug na Pofadder, na sy geboorteplek, om daar te bly. Maar nie vir lank nie, want toe begin hy en Regina, met later ook hulle twee seuntjies, rondtrek in die distrik om as bywoner by verskeie boere te werk. Dit was 'n harde lewe, want hy moes vir die boere werk vir verblyfreg, en is betaal met van die produkte wat die plaas opgelewer het. Hy moes ook by boere skape oppas, waarvoor hy 'n skaaplam per maand as beloning gekry het. Regina het die mense se wasgoed gewas vir 'n paar sjielings per maand en miskien 'n bietjie suiker.

So het die Truter familie rondgetrek in die distrik, al meer noordwaarts, totdat hulle met hulle donkiewa in 1931 die Gariep (Oranjerivier) met die pont oorgesteek het. Die pont-fooi het Hugo met 'n pampoen betaal! (Op daardie stadium 'n sjieling, of tien sent werd). So trek die familie met hulle donkiewa, wat vir jare hulle enigste "huis" was, tot op Bethanie in die suide van Suidwes Afrika. Hier sukkel Hugo om as 'n handelaar 'n bestaan te probeer maak (onthou, hy het nie geld gehad om voorraad aan te koop nie.) Maar hier kon die twee seuns darem vir drie jaar lank skoolgaan, en hier is sy dogter Bettie in 1932 gebore. (Meer oor haar later).

Hugo verdien ook ekstra geld deur vir boere hulle skape te skeer, waarvoor hy vir 100 skape se skeer 10 sjielings (een rand) verdien het. Met hierdie geld kon hy darem naderhand sy eerste skaapooie koop, sodat die twee seuns Dirk en Johannes toe moes ophou skoolgaan om hulle pa se paar skape op te pas.

In 1942 kom Hugo, Regina en Bettie op die plaas *Sesriem* aan, waar hy weiregte bekom het – volgens Goldbeck. Dit is seker waar wat die weiregte aanbetref, maar volgens Hugo se vertelling aan Herr Schultz, het hy waarskynlik toe reeds al vir 'n paar jaar lank met sy skape daar geboer. Die twee seuns het op hierdie stadium darem al vir hulle self kon sorg, en het dus nie saamgetrek nie. Maar hulle was nog steeds baie arm – die donkiewa was nog steeds hulle huis en hulle het net 'n paar donkies, skape en bokke besit. Onder die donkiewa was hulle paar hoenders toegespan. Die donkiewa was 'n groterige wa met rubber motorkar wiele, en 'n seil tent soos die Voortrekker waens gehad het.

Water vir sy diere en vir sy huishouding moes Hugo met 'n groot emmer onderaan ses rieme wat aanmekaar gebind was, uit die Sesriem ravyn, in die Tsauchab rivier, ophys (dis waar Sesriem se naam vandaan kom). Die ravyn is op plekke tot 30 meter diep en nie meer as twee meter wyd nie, en het net op een plek standhoudende water gehad, waarvandaan die water opgehys moes word. Die ravyn was te lank om tot op die punt daarvan, en dan onderin te loop en elke emmer water dan baie ver te dra. Ek was bevoorreg om, tydens my werk in Suidwes, op dieselfde plek te staan as waar Hugo hulle water opgehys het, en waar dit ten minste 15m diep was.

In 1908, met die ontdekking van die eerste diamant naby Kolmanskoppe, net buite Luderitz, het die Duitse owerheid van Deutsch-Südwestafrika die sogenaamde Sperrgebiet verklaar – verbode vir enige toegang – en die alleenreg vir die myn van diamante in hierdie gebied aan 'n konsortium van Duitse mynmaatskappye toegeken (nie net in die Sperrgebiet nie, maar oor 'n groot gedeelte van die suide van SWA), wie dit in 1920 aan CDM verkoop het. Hierdie gebied het vanaf die Oranjerivier tot 70 kilometer noord van Luderitz gestrek, en ongeveer 100 kilometer binnelands, die duine in. Aan die noordekant van hierdie Sperrgebiet, met omtrent dieselfde breedte as die Sperrgebiet, tot amper by Walvisbaai, was dit alles staatsgrond. Toe Suid Afrika na die eerste wêreldoorlog die beheer van Suidwes Afrika oorneem, het hulle hierdie gebiede net so behou.

Maar net 'n paar jaar nadat Hugo by Sesriem begin boer het, begin gerugte die rondte doen dat diamante in die omgewing van Witberg ontdek is (soos die kraai vlieg omtrent 110 kilometer noordoos van Sesriem), en het CDM dadelik hierdie gebied ook afgesper.

Hugo het homself aangemeld as "diamant-oppasser" vir CDM, vir 'n ekstra inkomste, en waarskynlik 'n rukkie daar gewerk, terwyl sy boerdery ook nog aangegaan het. Met die karakoelpels opbloei aan die einde van die 1940's, kon hy die plaas wettig in besit neem. Later meer hieroor.

Kort na hierdie episode, in 1949, sterf sy eerste vrou Regina. Sy is daar op die plaas begrawe – soos ook sy tweede vrou. Hierdie grafte kan vandag nog gesien word naby Sossusvlei se ingangshek. Ek kon nêrens uitvind wat sy tweede vrou se naam en ouderdom was nie, of waar sy derde vrou, wat baie jonger as hy was, te sterwe gekom het en waar sy begrawe lê nie. Ook nie háár naam nie.

Nou meer oor Hugo se geweldige krag, soos in die artikel beskryf word, en ook oor sy dogter Bettie. Hugo het, soos in talle staaltjies vertel is, altyd op inkopie-dag in Maltahöhe, sy donkiewa onder 'n koelteboom in hele ent weg van die winkels uitgespan. Dan het hy winkel toe geloop en twee vyftig kilogram sakke mieliemeel gekoop, en dan een sak onder elke arm gedra tot by die donkiewa, waar hy dit opgelaai het.

Mettertyd het van die ander mense op Maltahöhe besluit om te probeer uitvind hoe sterk hy nou rêrig was. Dus het daar elke paar tree 'n ander persoon hom gestop en 'n geselsie aangeknoop. So het hulle hom eendag 'n ronde uur besig gehou op sy pad vanaf die winkel tot by die donkiekar, sonder dat hy een enkele keer een van die twee sakke neergesit het!

Sy dogter Bettie, wat oor die ses voet lank was, het oënskynlik sy reusekrag geërf. Alhoewel sy ook sterk gebou was, was sy 'n ongelooflik goedhartige mens, aldus 'n koerantberig oor haar wat in die tyd van ons artikel verskyn het. Sy was getroud met Johan Vosloo, wat vroeër by 'n petrol depot (vermoedelik op Maltahöhe) gewerk het, wat later oorgeneem is deur Koos Maree.

Hulle het later jare plaas toe getrek om vir Hugo te help met die boerdery en 'n ruk daarna die plaas oorgeneem. Maar toe sy eendag by Koos vir haar man Johan twee 200 liter dromme petrol moes gaan oplaai, het sy, terwyl sy met Koos aan die gesels was, gesien hoe die twee Namas van Koos steier en sukkel om die twee petrol dromme tot by die bakkie te kry om dit te kan laai. Sy het onmiddellik haar gesprek met Koos gestaak, bakkie toe gestorm, en vrou alleen die swaar drom petrol op die bakkie gelaai. Daarna het sy omgedraai en die tweede drom net so gemaklik gelaai en toe teruggestap na Koos om haar gesprek te hervat. Koos was sprakeloos!

Nadat Hugo van die plaas af weg is, totdat hy in 1980 in die Potgieter ouetehuis in Windhoek saam met sy vierde vrou, Dorothy, gaan bly het, en waar hy op 8 Junie 1981 oorlede is, het die spoor so effens meer onduidelik geword. Sy kinders het sy plaas geërf en iewers in die tagtiger jare, tydens 'n ernstige droogte, verkoop hulle die plaas. Vandag is hierdie plaas deel van die Namib-Naukluft park.

Maar, soos ek aan die begin gesê het: "Dankie tog vir óú vriende. 'n Ou vriendin van my, Mariette Fourie, se ouers, oom Sarel en tannie Bybie du Toit (by wie ek baie gekuier het in die tyd toe ek vir nege maande in 'n tent in die Namib gebly het), het ook vir oom Hugo baie goed geken, terwyl hulle in Hentiesbaai gebly het – nadat oom Sarel die helfte van sy plaas teen die Etosha panne verkoop het en ophou boer het. Oom Hugo het waarskynlik vir 'n tydjie lank op Hentiesbaai gebly – dalk met sy derde vrou. Mariette self het hom nie eintlik goed geken nie, want sy het op daardie stadium op ander plekke gewerk, maar het hom seker 'n keer of wat gesien tydens haar kuiers by haar ouers.

Sy het hom leer ken as oom *Polonie* Truter, 'n bynaam wat hy verwerf het toe hy 'n slag in die hospitaal was, omdat hy niks wou weet van die hospitaal kos nie, want, het hy gesê: "*Dit kom te reguit op my bord!*" Vermoedelik omdat veral die groente op die Engelse manier van net vinnig opkook in water, voorberei is. Daarom het hy aangedring daarop dat hulle vir hom polonie moes bring!

Sy kan ook onthou dat hy 'n baie groot man was in daardie tyd, en dat hulle in 'n piepklein huisie gebly het. Sodat, as hy op die stoep of in die sitkamer gesit het, hy die hele spasie vol gesit het sodat daar nie genoeg plek was vir ander mense ook nie!

Nou eers kan ek by die eerste spoor van oom Hugo, wat amper 50 jaar gelede deur Herr Hans Schulz aan my vertel is, uitkom. Dit was net nadat hy en 'n eiendoms agent vriend van hom, by oom Hugo op die plaas was. (Dit moes hier rondom 1974 gewees het). Nou kan ek nie glo dat oom Hugo sy plaas in die mark gehad het nie, ek dink dat was dalk eerder 'n geval van iemand wat belanggestel het om die plaas te koop, en dat die eiendomsagent wou gaan hoor wat is die moontlikheid dat oom Hugo dalk sou wou verkoop.

Nou ja, op die plaas word hulle baie hartlik ontvang, soos wat enige reisiger op enige plaas in die ou Suidwes gewoonlik ontvang is – veral in daardie jare, maar selfs vandag is dit nog so op meeste plase in Namibië. Oom Hugo was toe waarskynlik reeds omtrent 77 jaar oud, en getroud met sy derde vrou, wat seker omtrent 45 jaar oud was!

Ek reken dat oom Hugo hulle waarskynlik baie gou sou vertel het dat hy nie belangstel om die plaas te verkoop nie, en dis seker toe dat hy hulle die storie vertel het van hoe die plaas uiteindelik syne geword het.

En dis hier waar ek baie moes soek en navorsing doen wat presies daar gebeur het. Want hy het vir Herr Schulz vertel hoe hy op die regeringsgrond begin boer het (natuurlik onwettig!) Die regering het daarvan te hore gekom en vir SWAPOL (Suidwes Afrikaanse Polisie) met 'n kameelpatrollie van Windhoek af gestuur om hom van die regeringsgrond af te sit. Maar, die oomblik toe die kamele in die verte verdwyn, het hy doodeenvoudig weer teruggetrek na "sy" plaas! Na die derde of vierde keer wat hulle hom afgesit het, (onthou dat dit elke keer 'n paar maande geduur het voordat die volgende patrollie daar kon uitkom) het hulle maar moed opgegee en hom daar gelos – en dis waarskynlik waar hulle toe besluit het om dan maar weiregte aan hom toe te staan!

En dis hier waar ek agtergekom het dat hy dus vóór 1942 al daar moes geboer het, want in 1939, toe die SAP by die SWAPOL oorgeneem het, is kameel patrollies gestaak en is daar voertuie aan die Polisie toegeken. Dus moes die laaste besoek of besoeke aan oom Hugo dalk met voertuie gedoen gewees het, maar die feit dat die eerste besoeke met kameel patrollies gedoen is, beteken dus dat hy vóór 1939 al daar moes geboer het..

Die beleid van die regering in daardie tyd was dat, as jy 'n sekere hoeveelheid skape besit het, jy weiregte op die regeringsgrond kon bekom. Met nog 'n groter aantal vee, kon jy 'n plaas koop, en dan afbetaal aan die regering. Want met soveel vee sou 'n boer dan finansieel in staat wees om dit te kon afbetaal. En toe die karakoel bedryf aan die einde van die 1940's skielik 'n fenomenale opbloei begin beleef, en die karakoelboere (veral aan die begin) baie geld gemaak het, kon oom Hugo toe uiteindelik die plaas *Sesriem* by hulle koop.

Nadat oom Hugo vir hulle sy storie vertel het en hulle klaar koffie gedrink het, moes oom Hugo hulle nou eers sy plaas gaan wys. Op daardie stadium het hy al 'n baie groot kudde karakoelskape gehad. Trouens, volgens die getal skape wat hy gehad het, en in ag genome dat daar ook nog baie wild op die plaas was, kon die eiendomsagent (wat natuurlik kennis van die drakrag van plase in die suide gehad het), tot net een gevolgtrekking kom, en dit is dat oom Hugo dan van sy skape definitief nog steeds buitekant sy plaas op die regeringsgrond moes laat wei het!

Terwyl hulle met die Willy's Jeep, met 'n paar van sy kinders ook agterop, deur die plaas ry, kom hulle skielik op 'n troppie gemsbokke af. Oom Hugo stop, en in 'n oogwink is hy uit die Jeep, kry die geweer in sy skouer en skiet een van die gemsbokke. Toe hulle by die dooie gemsbok stop, wonder sy twee gaste waar op hierdie vol Jeep hulle hierdie gemsbok gaan laai! Wanneer hulle wil afklim om te help laai, sê oom Hugo: 'Nee, sit julle, ek sal laai!"

Daardie tyd tel oom Hugo daardie gemsbok man-alleen op en laai dit op die hoë "bonnet" van die Jeep! Herr Hans Schulz en die eiendomsagent kon nie mooi glo wat hulle oë sien nie, dat iemand van daardie ouderdom nog steeds so sterk kon wees nie – hulle was absoluut verstom!

Op pad terug huis toe, ry hulle by die plaas se begraafplaas verby. Daar is twee grafte met grafstene, en langsaan nog 'n vars gegraafde graf.

"Hier lê my twee vorige vroue," sê oom Hugo, terwyl hy na die grafte met grafstene wys.

"Nou, hierdie nuwe graf, oom Hugo," vra die eiendomsagent. "dit is seker vir oom self gegrawe?" Oom Hugo was toe immers al oor die 77 jaar oud.

"Nee," sê oom Hugo, "ek het die graf maar solank gegrawe vir my derde vrou – daar is nie altyd tyd om 'n graf eers te kom grawe wanneer iemand doodgaan nie, dit word mos maar baie warm in hierdie wêreld."

Sy derde vrou, wat nog nie 45 jaar oud was nie!

Ja-nee, dis nou werklik die sterk man van die Namib!

As jou vrou nie wil glo dat dit nié aspris was nie!

Hierdie is nog 'n storie wat in die ou Suidwes gebeur het. Dit was op 'n plaas naby die Etosha panne in die noorde – dit moes naby oom Sarel du Toit, wie ek in die vorige storie genoem het, se plaas gewees het.

Nou is ek nie meer seker wat hierdie oom se naam was nie, ek wil my al verbeel sy van was ook Truter gewees. Die oom het daar geboer, en hy het net een oog gehad – sy linkeroog was heeltemal blind. Toe ek nou die dag vir my vriendin Mariette van Hentiesbaai vra of sy uit haar kleintyd 'n oom Truter met net een oog naby hulle plaas teen Etosha kan onthou, sê sy vir my: "Nee, ek kan nie onthou van 'n oom met net een oog nie, maar ek kan 'n oom Truter daar onthou wat vir my as klein kind vreeslik lelik was – ons was eintlik bang vir hom so lelik was hy!"

Nou ja, dit kon dan dalk dieselfde oom gewees het, want ek kan glo dat 'n oom met net een oog vir 'n klein meisiekind seker baie lelik sou wees, en dat die kleiner kinders dan ook bang sou wees vir hom!

Maar wat ook al sy naam of van was, sal seker nie baie saak maak vir die storie nie, 'n naam of dan geen naam het my nog nooit afgeskrik om 'n goeie storie te vertel nie, solank die storie net waar is, soos dit in al my stories wel die geval is.

Hierdie oom was 'n baie gemoedelike mens, lief vir kuier en dan kon hy vreeslik baie praat. Die tannie weer, was baie inkennig en stil – sy het omtrent nooit 'n woord gepraat nie. (Dalk het hy haar nooit 'n kans gegee om te praat nie!) So, sy was waarskynlik ook dan nie baie lief vir kuier nie, maar moes uit die aard van die saak noodwendig saam as die oom by een van die bure wou gaan kuier.

Die kuiers was natuurlik altyd nét by van die bure, maar moet nou nie dink dit was sommer maklik en gou-gou soos vandag nie – nee, die plaas opstalle was kilometers van mekaar af, en die ergste van als is dat daar tussen twee sulke buurplase sommer maklik agt of meer hekke was wat oop en toe gemaak moes word – met die gaan-slag sowel as met die terugkom-slag. Onthou, dit was gróót plase daardie – oom Sarel se plaas was 10 000 hektaar groot, soos meeste plase rondom hom. En dis bosveld wêreld – omtrent presies dieselfde soort van Bosveld soos die bosveldplase agter die Soutpansberg, waar ons gereeld gaan jag, wat gewoonlik maar tussen 900 en 2000 hektaar groot is..

So ry die oom en die tannie op die Saterdag van ons storie, vroegerig die middag om by een van die bure te gaan kuier. Maar hulle kuier net te lekker (natuurlik eintlik die oom, wat aanmekaar gesels sodat die ander mense sukkel om ook af en toe iets gesê te kry).

Dit word naderhand skemer, en toe moet hulle nou opsluit eers aandete eet saam met die bure. En na aandete nog koffie ook drink, met nog 'n sessie gesels en gelag. Met die gevolg dat hulle eers laterig die aand by die bure wegkom.

Dit was natuurlik die tannie se werk om al die klomp hekke oop en toe te maak. Nie dat sy gekla het daaroor nie, dit was maar net soos dit was in daardie dae. En daar was darem 'n sekel maan, sodat sy darem net-net kon sien wat sy doen.

Maar die oom het nog nie klaar gesels nie, en praat nog aanmekaar – stop net om te praat vir die klein rukkies as die tannie buite is om die hek oop en weer toe te maak.

Maar die ding het gebeur by die voorlaaste hek voor die hek by die plaasopstal – seker so 'n kilometer van die huis af. Want die tannie het uitgeklim en die hek oopgemaak. Maar toe die oom deur die hek is, dink hy dat hy dalk bietjie naby die hek gestop het sodat die tannie dit dalk nie sal toekry nie. En met 'n effens ruk trek hy weer weg. As hy die tannie se deur hoor toeklap, ry hy verder.

Maar hy gesels, die kuier het seker nie al sy praat uitgeput nie – hy was mos darem twee weke lank op die plaas besig om te boer waar hy nou mos nie met ander mense kon praat nie. Miskien bietjie met die arbeiders, as hulle dalk naby hom werk, maar wat sou hulle nou belangstel in sy soort gesprekke?

So ry hy al pratende tot by die opstal se hek, en stop dat die tannie dit kan oopmaak. Maar die tannie wil nie uitklim nie. Nou draai hy sy hele kop na haar kant toe sodat sy regteroog kan kyk wat dan nou met haar aangaan. Maar sy is nie daar nie! Eers kan hy nie glo wat sy een oog sien nie, dan tref die wete hom skielik soos 'n weerligstraal – die deur het seker toe geklap by die vorige hek toe hy weer weggetrek het – voordat sy nog kon terug klim in die bakkie.

Nou sukkel hy om die bakkie in die bosse voor die hek omgedraai te kry, en jaag behoorlik terug in die rigting van die vorige hek. Hy kry haar seker 200 tree van die hek af, besig om met verbete treë terug te loop huis toe – daar kom immers nog af en toe leeus vanuit die Etosha deur die heining tot op die plaas – en die sekelmaan gee maar net effens lig!

Maar as sy voorheen nooit gepraat het nie, is dit wat sy nou *nié* sê nie, maar wat daardie kyk waarmee sy hom boosaardig aangluur, wel goed genoeg sê, wat hom dadelik laat besef: "Daar is nie 'n manier dat sy hom gaan glo as hy sê dat hy dit definitief nié aspris gedoen het nie!"

My groot jag wat amper nie was nie - Daan Roux

Gedurende die tagtigerjare het ek die voorreg gehad om heelwat ondervinding op te doen met grootwild jag. Maar, die grootste van die grotes was my egter nog nie beskore nie. Gaandeweg het my gedagtes en drome dus begin dwaal in die rigting van olifantjag! Natuurlik sterk aangevuur deur die skrywes van die groot olifantjagters van weleer! Manne soos Harry Manners, Pardal, Tony Sanches en sovele ander.

So gebeur dit toe ook dat ek vroeg in Desember vir Ian, die Natuurbewarings-hoof van Gazankulu, raakloop op Phalaborwa. Gedagtig daaraan dat daar gedurende die somermaande van Oktober tot einde Januarie gewoonlik geen oorsese jag-kliënte op Letaba Ranch was nie, het ek uitgevra na die moontlikheid van 'n olifantjag. Ian was heel positief en hy het melding gemaak van bulle wat uitbreek uit die Krugerwildtuin langs die Klein-Letabarivier. Hy sou my laat weet.

Ek het gewag en af en toe geskakel om te verneem. Maar, elke keer moes ek hoor daar ís aktiwiteit maar hy sou my laat weet! Desember is maar altyd 'n moeilike maand om iets gedoen te kry met al die vakansiedae. So, ek was nie te erg gestres dat die maand uitloop sonder 'n oproep van Ian af nie. Ek was egter oortuig dat Januarie 1989 die maand sou wees waarin ek my eerste olifant gaan jag!

Met die wete dat oorsese olifantjagters juis jagte bespreek vir die maroela tyd in Februarie, het ek alte bewus begin raak van die dae wat aftel, ook in Januarie! So teen die laaste week van Januarie het ek, soos ons mense maar maak, my teleurstelling begin rasionaliseer met gedagtes soos "dis darem baie geld" en "dis alweer 'n droë somer en ek moet daai bedrag eerder op veevoer bestee!" En so het ek my entoesiasme vir olifantjag heel weg geredeneer!

Ek en Elmarie sou vertrek vir 'n kort rit na Pretoria op 1 Februarie en ek het dit dan ook beskou as die finale afsnydatum vir my olifantjag. Op daardie stadium het ek myself toe al absoluut oortuig gehad dat olifantjag hoegenaamd nie die regte ding vir my was nie!

Ons het ons reis na Pretoria afgehandel en laat die nag van 3 Februarie weer tuisgekom. Ek was die volgende more vroeg nog in die bed toe die foon lui. Angs het my dadelik beetgepak! Dit moes tog net nie Ian wees nie!

Maar, dit was! En sy vraag was dan ook gou of ek nog belangstel in 'n olifant! Ek het my dilemma verduidelik en gesê as dit tog net 'n week of wat vroeër was! Ian was baie begripvol en het genoem dat hy vinnig iets op Phalaborwa moes gaan doen, waarna ek hom kon laat weet wat my besluit is. Onseker soos ek was, het ek na ons afgelui het, net daar by die lessenaar met my kop in my hande gesit en vir die Here gevra om my tog asseblief te help met die groot besluit. Vandaar het ek kombuis toe gestap.

Ek het 'n negatiewe reaksie verwag, maar tot my groot verbasing was Elmarie se presiese woorde: "Gaan man! Ek is nou sommer self opgewonde!" Hiervoor sal ek haar vir ewig dankbaar wees!

Met Ian se terugkeer het ek al vir hom gewag op Letaba Ranch! Met my kamerasak gepak, my .458 se loop blinkskoon en my patroonband vol goed gelaaide patrone! Ons het vinnig gekyk na 'n paar olifant skedels vir skoot plasing en die pad Noordwaarts gevat na die Shingwedzi. Daar was 'n berig dat 'n olifant daar uitgebreek het in die Tuisland gebied. Die grootste deel van die pad was 'n verspoelde twee spoor paadjie, geskik slegs vir vier-by-vier voertuie.

Ons was vroegmiddag by die buitepos naby die rivier. Die veldwagters het 'n goeie idee gehad van die gebied waar die olifant hom bevind. So, dit het ons nie lank geneem om sy vars spoor te kry nie. Na ons die spoor vir 'n tyd lank gevolg het, het ons die knal gehoor van 'n groot tak wat breek.

Hierop het ons direk in daardie rigting beweeg. Namate ons nader gekom het, kon ons die kenmerkende geluide hoor van 'n olifant wat wei. Die blaas geluide, die rammelgeluide, die vreet geluide asook die gesuis van bos wat skuur teen 'n skurwe lyf.

En toe skielik was hy daar! Die enorme dier was agter 'n stuk bos en het direk weg van ons af gestaan. Die bries was deurgaans in ons guns. Regs om die bos kon ons geen tand gewaar nie. Deur links om die bos te beweeg, kon ek 'n ivoor tand sien met 'n punt wat opwaarts wys. Dit was vir my genoeg!

My jagters-instink het onmiddellik ingeskop! Hierop het die ou bul vorentoe gestap, gaandeweg omgedraai en reg in ons rigting begin stap deur 'n gangetjie in die bos. Omdat die frontale breinskoot moeiliker is, het ek teruggehou in die hoop dat die dier weer sou draai. Dit was toe ook net só. Op 'n afstand van net meer as dertig meter het die olifant na ons linkerkant gedraai en toe hy plank dwars van ons af was, het ek die skoot afgetrek, net voor sy oorgat. Die swaar koeël het op die regte plek getref en die groot bul het in 'n stofwolk neergeslaan op sy sy! Die opvolg skoot deur sy hart was onnodig.

Na die inneem van die oomblik, die nabetragting en die fotosessie, is Ian en al die veldwagters weg om 'n pad oop te kap vir die voertuig. Dit het my die kosbare geleentheid gebied om 'n tyd lank alleen te wees met die gestorwe ou bosreus. Gestorwe deur my toedoen! En om, ten spyte van my groot opgewondenheid, in die woorde van wyle Pieter Pieterse, "net 'n bietjie jammer te sê!"

Met almal se terugkeer, het die slagtery begin. Die massiewe kop en die pote is afgesny, en die vel in stroke afgeslag. Hierop het ons die kop met die enorme tande probeer oplaai. Vir sewe van ons, selfs met die hulp van die Land Cruiser se wenas, was dit 'n futiele poging! Dit het begin donker word en Ian het besluit dat hul vragmotor met die hyskraan dit die volgende dag sou moes kom laai.

Die kosbare trofee kon egter nie alleen gelaat word nie en van die veldwagters sou dit heel vrywilliglik bewaak. Hulle was egter ongewapen en ietwat ongemaklik met die leeus wat begin keel skoonmaak het binne die Krugerwildtuin! Ek het dus belowe dat ek sou terugkeer. Maar, dit sou lank neem. Ek moes eers saam met Ian terugry, my bakkie kry en dan terugry plaas toe vir my Land-Rover en die ander benodigdhede soos kos en beddegoed. Almal was tevrede met die reëling.

Elmarie was op daardie stadium vyf maande swanger met Mart-Marié, maar haar ginekoloog het net 'n week tevore gesê dat sy verby al die gevaar stadiums was en "in 'n vier-by-vier Suidwes toe kan ry!"

En so is my vroutjie daardie aand saam met my terug na die Shingwedzi! Dis 'n lang pad Giyani om en ons was eers ná middernag terug by ons bestemming. Daar gekom, moes ek natuurlik eers my vrou probeer beïndruk met die grootte van die tande en met my weergawe van die dag se gebeure!

Daarna het ons ons gemaklik gemaak agterop die Land-Rover se bak om uiteindelik 'n bietjie nagrus in te kry na die dag se groot opwinding. Ek het net begin wegraak toe ek 'n klammigheid aan my gesig voel. Om die kombers hoër op te trek het net tydelik gehelp, want die klammigheid het toegeneem tot 'n behoorlike stuif reëntjie! En anders as gewoonlik, het ek geen seiltjie agter die sitplek gehad nie.

Om die beskrywing van 'n ongemaklike deel van die nag kort te maak - toe die son die grys lig in die Ooste begin pienk verkleur, het die twee van ons ietwat bedremmeld, maar heel gelukkig voor in die Land-Rover gesit en wag vir die dag om aan te breek! Ons het darem 'n fles warm swart koffie gehad, asook die voorreg om diep in Afrika te sit en luister na die leeus wat steeds nou en dan in die verte van hulle laat hoor het! Die voëlsang met dagbreek was ewe mooi en verkwikkend.

Kort na ligdag het 'n vreemde gedreun deur die veld hoorbaar geraak. En so het iets van die ou Afrika voor ons oë begin afspeel. Die bostelegraaf moes deur die nag geloop het, want groot getalle van die plaaslike bevolking het uit alle rigtings verskyn op soek na die groot vleis fees. Met hierdie besef het ek my na die toneel gehaas om my olifant kop met die tande te gaan beskerm!

Dit was uiteindelik waarskynlik nie nodig gewees nie. Ten spyte van die honderde Sjangaans wat daar byeen gekom het, talle met byle, pangas en messe, was die atmosfeer gemoedelik en ordelik. Volgens tradisie moes almal eers wag vir die hoofman van die gebied se woord voor enige vleis geneem kon word. Die hoofman het later daar aangekom, 'n rukkie lank met my en van die ander gesels, en toe uiteindelik die woord gespreek!

Van die gebeure wat hierop gevolg het, kan ek nié met eerlikheid sê dat dit ordelik was nie! Manne het met als wat kon kap of sny op die karkas toegesak en hompe vleis is aangegee na die honderde wat rondom gestaan en dit gretig ontvang het! Wat die norm was, of hoe die porsie grootte bepaal is, weet ek glad nie. Sommige slagters het heel in die karkas in verdwyn.

Op 'n stadium het een van hulle uit die karkas gepeul met 'n woeste kap wond aan sy been, wat een van die ander hom per ongeluk toegedien het! So 'n onbenulligheid sou egter niemand se stemming demp nie en selfs die slagoffer het dit beskou as 'n groot grap! Baie ernstige konflik het egter 'n paar keer ontstaan waar iemand 'n hand gelê het op iemand anders se vleis waar dit neergesit was of aan 'n bos gehang het. Dít was totaal onvergeeflik!

Die slagting het klaar gekry nog voordat die vragmotor met die hyskraan gearriveer het. Buiten die kop, pote en vel wat ek as trofeë eenkant gehou het, was daar op die slagplek bitter weinig oor. Slegs die olifant se penis en die reuse ou bekkenbeen het daar oorgebly. En natuurlik die maag inhoud, maar minus elke maroela wat die olifant gebyt en ingesluk het. Daardie maroelas maak blykbaar die heel beste bier!

Die vragmotor het gekom en die groot kop en die res opgelaai. En so het die onvergeetlikste jag van my lewe tot 'n einde gekom. 'n Groot bonus het ook nog op my gewag toe die beste tand ingeweeg het op 85 pond!

Die tande het saam emigreer Nieu-Seeland toe, waar my gedagtes dus gedurig teruggevoer word na daardie groot ervaring. Ek bly vir altyd dankbaar teenoor ons Hemelse Vader vir die groot geleentheid my gebied. En ook dankbaar teenoor my kosbare vrou vir haar aanmoediging op daardie dag om 'n groot droom te verwesenlik!

'n Projek word gekelder

Dit was in die dae toe ouboet Gerhard en skoonsus Annie nog naby Kalkveld, in Suidwes (vandag Namibië) se doringveld, vir Cyril Hurwitz op die helfte van sy 30 000 hektaar plaas geboer het - in hulle later jare daar, toe terroriste al meer deur die militêre linies gekom het en aanvalle op die plase in die omgewing begin gedoen het.

Nou weet ek, as jy vandag in sekere geselskap sê dat dit terroriste was, jy dalk skeef of selfs hatig aangekyk sal word, en jy sal maklik as 'n "rassis" gebrandmerk word. Maar, soos met so baie dinge in die lewe, is dit nie rassisme nie, maar wel 'n kwessie van perspektief.

As jy vandag 'n minister is of deel van die Provinsiale regering, of as jy 'n hoë pos in die staatsdiens of selfs in die streeks- of gewone munisipaliteite of een van die staatsbeheerde korporasies beklee, praat jy van vryheidsvegters. Want daardie weelde waarin jy nou lewe, was uit-en-uit te danke aan die onbaatsugtige opoffering van die vryheidsvegters.

Maar as jy aan die anderkant op 'n eensame plaas in die noorde van Suidwes boer en op van die buurplase word onskuldige mense aangeval en uitgemoor deur groepe van tot 30 manne met AK47's en handgranate, terwyl jy jouself probeer verdedig met miskien 'n jaggeweer of haelgeweer en 'n pistool, is dit 'n terreur daad. En terreurdade word gepleeg deur terroriste.

Dit was 'n uiters spannende tydperk daardie vir Gerhard, Annie en natuurlik al die bure, en ook vir myself as ek daar gekuier het vir 'n naweek – iets wat ek dikwels in daardie tyd gedoen het.

Mens het elke nag baie onrustig geslaap, vir die geringste geluidjie het jy wakker geskrik en eers deur die venster geloer om te kyk of jy in die donker iets buite kon sien. En as die honde buite geblaf het, iets wat amper elke nag gebeur het omdat daar nog heelwat groter en kleiner ongediertes op die plaas was, was jy wawyd wakker. Dan het jy met geweer in die hand deur die huis geloop en by elke venster die donker nag met jou slaperige oë probeer deurpriem.

Dis eintlik snaaks (of dalk ironies) dat ek by hulle in die huis so onrustig geslaap het, terwyl ek in daardie selfde tyd selfs binne-in die operasionele gebied, vir honderde nagte buite onder die sterre geslaap het, selfs sonder 'n tent, en nooit onrustig geslaap het nie. En dit terwyl ons dikwels veraf geweervuur hoor knetter het, en een nag selfs 'n landmyn ontploffing redelik naby ons gehoor het. Ons het aangeneem dat dit dalk 'n olifant was wat die landmyn afgetrap het, want mense het nie sommer in daardie tyd, in die nag buite rondbeweeg nie. Ek dink dit was dalk omdat mens half vasgekeer of ingeperk gevoel het in 'n huis, dat mens dáár so onrustig geslaap het.

Die gesprekke in daardie tyd het natuurlik meesal met gerugte en ware gebeurtenisse deur terroriste gepleeg, op geëindig. Ook oor hulle modus operandi en na watter tekens mens moet oplet om vas te stel of terroriste dalk deur jou plaas beweeg het. Een van hierdie dinge, so is daardie tyd vertel, is dat jy moet oplet na merke in bome of op die grond, waarmee die terroriste sekere roetes sou afmerk, byvoorbeeld die roete na 'n waterbron of na 'n plaashuis wat 'n volgende teiken sou wees.

En eendag, toe ek in die kamp wes van die plaasopstal gejag het, merk ek 'n blink plaatjie wat aan 'n boom vasgemaak is. Terwyl ek voel hoe die hare in my nek rys, bekyk ek die plaatjie, Dit lyk of daar 'n nommer op uitgekrap is. Toe ek opkyk, sien ek aan 'n boom 'n ent verder, nog so 'n plaatjie, en nog een 'n ent verder. Dit lyk nogal asof dit in 'n lyn opgesit is, in die rigting van Gerhard en Annie se huis.

Nou is dit nie een van die maniere wat ons gehoor het wat die terroriste gebruik om roetes te merk nie, maar wat kan dit anders wees? Niemand kom tog in hierdie veld sonder dat Gerhard daarvan weet nie.

Nou volg ek hierdie lyn, terwyl my oë onrustig probeer om 360° rondom my te kyk, met my geweer oorgehaal en in 'n baie parate houding. Vir ingeval die terroriste dalk nog in die omgewing is! Ek sien darem nie vars spore nie, maar hoe weet mens nou ook of 'n ander groep nie dalk al teruggekom het om die roete te kom volg nie?

So het ek daardie dag van boom tot boom geloop en seker 6 sulke plaatjies afgehaal (ek wou darem seker maak dat hierdie roete nie meer vir terroriste bruikbaar sal wees nie!), en toe huis toe geloop en vir Ouboet gaan wys. Hy het saamgestem dat dit heel waarskynlik terroriste was wat die plaatjies daar vasgemaak het. Miskien het hulle nou nuwe tegnologie begin gebruik in plaas van die normale plastieksakkies of toutjies wat hulle gewoonlik gebruik het om roetes aan te dui.

Die volgende naweek kom Annie se neef André en sy kollega (luitenant) Pieter van die veiligheidspolisie weer daar verby. (ek het in 'n vorige boek "*Kampvuurstories raak nooit op nie",* in die storie "*'n Vlakvark vir 'n spitbraai*", ook van hierdie twee manne vertel, toe hulle ook een naweek daar gekuier het). Ons wys vir hulle die plaatjies. Pieter sê dat hulle nog nie gesien het dat terroriste hierdie soort tekens vir roetes gebruik nie, maar dat mens nie kan kanse vat nie en dat hy dit sal saamvat en gaan uitvind. Toe ek hulle later gaan wys waar ek die plaatjies gekry het, sien ons nog twee plaatjies, wat Pieter sê ons dalk daar moet los.

So drie weke later kom Pieter en André weer by Gerhard en Annie op die plaas aan. Ek was nie daar nie, dus hoor ek eers op 'n volgende naweek toe ek weer daar kuier, wat Pieter uitgevind het oor die plaatjies.

"Pieter het toe gaan uitvind wat hierdie plaatjies was," sê ouboet Gerhard, "en dit was toe nooit terroriste wat die plaatjies daar gehang het nie, maar Natuurbewaring. Hulle het skynbaar 'n langtermyn projek hier aan die gang, 'n studie om die groei en patroon van sekere bome te monitor – elke twee jaar of so kom monitor hulle hierdie bome (dalk om bos indringing van swarthaak te monitor?), en dan kan hierdie data vir hulle sekere langtermyn tendense uitwys."

O gaats! Daar het ek nou heel onskuldig 'n langtermyn natuurbewaring studie, wat dalk al jare aan die gang was, in sy peetjie in gestuur! En ons het nooit weer vir enigiemand van hierdie ding vertel nie, te bang hulle vind uit dat ek die "vandalis" was wat hulle projek gekelder het!

'n Verstommende skoot

Hierdie kort storie gaan ook oor terroriste – oor 'n aanval op 'n eensame plaas in die noorde van Suidwes, anderkant die dorp Grootfontein. Hierdie storie het ek ook in dieselfde tyd as die vorige storie, by mense in die omgewing van die aanval, vir die eerste keer gehoor. Ek sê vir die eerste keer, want wat was my verbasing groot toe ek baie jare later hierdie storie vir iemand hier in Suid Afrika vertel, en die persoon my as volg antwoord: "Ja, ek ken hierdie storie, want dit was my oom met wie dit gebeur het! En ek was self op die plaas ná hierdie storie, en hy het my gewys wat daar gebeur het."

Omdat daar baie meer terroriste aanvalle in hierdie gebied voorgekom het as wat die geval by Ouboet-hulle se plaas was, was die boere in hierdie gebied heelwat meer voorbereid en paraat as die ander boere meer suid. Die Weermag het hulle ook uitgereik met R1 gewere en patrone, en hulle huise was ook beter beskermd.

Daar was byvoorbeeld 'n veiligheids omheining rondom die huis, en ook loshangende staalplate voor die vensters wat kon beweeg as 'n koeël dit tref sodat 'n AK47 koeël nie so maklik daar deur kon kom nie. Daar was ook skietgate of loergate in hierdie plate waardeur die boer van binne die huis kon terugskiet in die geval van 'n aanval. Ook kon die kragopwekker van binne die huis aangesit word om buiteligte buite die huis aan te skakel sodat mens kon sien wat buite aangaan. Hierdie ligte was ook op 'n manier beskerm sodat dit nie maklik stukkend geskiet kan word nie. (hoe dit gedoen is, kan ek net nie meer onthou nie)

Dus, toe die boer se groot rifrughonde een aand omtrent nege uur skielik woedend begin blaf, het hy dadelik vermoed dat dit 'n aanval kon wees. Hy het sy R1 gespan, die kragopwekker aangesit en baie versigtig deur een van die loergate geloer, aan die kant waar die honde geblaf het. En dit was ook maar goed dat hy so versigtig geloer het, want die volgende oomblik klap 'n sarsie skote net bokant sy kop teen die staalplate vas. Hy hoor nog 'n sarsie en net een tjank van die een rifrug, en daarna is die hond stil.

Met hartseer oor die hond en woede in sy hart, skiet hy na die een terroris wat hy vir 'n oomblik kon sien waar hy van een boom na 'n ander beweeg. Die terroris val net daar. En toe begin daar 'n oor-en-weer skietery, wat seker amper 'n uur lank geduur het. Want hy en die tante, elk met hulle eie R1, het sommer 'n paar terroriste doodgeskiet – telkens wanneer een te waaghalsig probeer het om naby die huis te kom om skynbaar die huis te kan binnestorm. Hulle het waarskynlik 'n gat in die heining geknip, want sommige van hulle was reeds binne die veiligheidsheining.

Maar daar was een terroris wat aanhoudend skiet, wat die oom net nie raakgeskiet kan kry nie. Want hierdie terroris was agter 'n groot maroelaboom met 'n dik stam. Elke keer kom hy net vinnig om die stam om 'n sarsie te skiet na die huis, en voordat die oom nog mooi kan korrel op hom, is hy weer agter die stam in.

Hierdie wegkruip taktiek van die terroris het 'n hele rukkie so aangehou, totdat die oom hom erg vervies het vir die terroris waarop hy nie 'n skoot kon inkry nie. Hy roep die tante nader vanaf haar venster, wys haar die boom, en sê dat sy net moet aanhou skiet na hierdie boom die oomblik dat sy 'n beweging sien.

Toe kruip hy na sy geweer kluis toe en haal sy 375 H&H uit die kluis, en laai die magasyn met "solids", soos die boere dit genoem het. Vandag noem hulle dit in Engels "Full metal jacket" patrone. Hy kruip terug tot by die tante en sê vir haar: "Nou sal ek die bogger wys!"

Hy korrel mooi in die middel van die stam, en trek die sneller. Maar met die mees verstommende resultaat! Want hulle hoor 'n geweldige ontploffing, so erg dat dit hulle vir 'n ruk lank stokdoof laat, en sien 'n geweldige stof- en rookwolk waar die boom was. Ek sê *was*, want toe die stof en rook afsak dat hulle weer kon sien – is daar nie meer 'n boom nie. Ook nie 'n terroris nie, en ook nie enige ander terroris nie, want die ontploffing het sommer die klomp terroriste wat nog oor was, ook halsoorkop laat weghardloop.

Toe die Weermag later die terrein kom ondersoek, kon hulle van die terroris agter die boom, net 'n stukkie van een skoen kry. Want, soos die Weermag ondersoekspan kon aflei, het hierdie terroris 'n klomp handgranate aan sy gordel en 'n paar landmyne en nog handgranate in sy rugsak gehad. Die 375 H&H koeël het dwarsdeur die boom én die terroris getrek, en op 'n manier een van die handgranate of landmyne net op die regte plek getref sodat dit ontplof het, wat op sy beurt ook al die ander plofstowwe in die rugsak en sy gordel saam laat ontplof het, wat nie net die terroris maan toe geblaas het nie, maar die ontploffing was so geweldig dat dit die hele maroelaboom ook opgeblaas het, en sommer die terroriste aanval beëindig het ook!

Wat 'n verstommende skoot!

'n Mamba is 'n liederlike ding!

In my vorige boek ("*Stories uit nuwe kampvure*") skryf goeie vriend Paul Smit in een van sy brief-stories, wat ek in die boek geplaas het, die volgende: "*Ek is nie 'n bang ou nie. Ek jag al jare alleen en beskou dit as een van my grootste voorregte. Ek was al tussen buffels en olifante en onder 'n boom met 'n luiperd bo in die boom (kremetart) maar as daar een ding in die natuur is wat my bang maak is dit 'n swart mamba.*"

Nou dink ek dat daar sommer baie jagters (en ander mense ook) is wat hierdie sentiment oor mambas deel. En daar is honderde ware stories wat mense oor mambas vertel het, wat jou hare behoorlik sal laat rys. As ek al hierdie stories moet skryf, sal dit seker vanself 'n hele boek vol maak.

Ek self is nie bang vir 'n mamba nie, darem nou net as daar 'n dubbelloop haelgeweer gelaai met fyn hael tussen my en die mamba is! Sonder 'n haelgeweer in my hande, val ek waarskynlik ook in bogenoemde kategorie. Want dit is nou maar eenmaal waar: 'n Mamba *is* 'n liederlike ding!

Dit is seker die rede hoekom ek nog nooit rêrig enige begeerte gehad het om oor mambas te skryf nie – ek het darem so twee stories waar mambas wel 'n rol gespeel het, in vorige boeke geskryf. Maar ek was net nog nooit lus om 'n storie spesifiek oor slange te skryf nie, ek het nog nooit rêrig 'n ernstige liefdes-band met enige van die addergeslag gehad nie.

Maar nou het vriend Kobus Harmse se terugvoering oor een van my stories oor tarentale, my weer herinner aan 'n ding wat ek en my kleinboet Jopie eenslag oorgekom het. Dit het my laat besluit dat dit dalk goed sal wees om hierdie storie te vertel, en sommer om 'n slaggie tog oor hierdie grieselige gevaartes te skryf.

Hier op die plaas *Doornhoek* het ons al die jare maar gereeld mambas gehad, tot vandag toe nog. En alhoewel die deel van *Doornhoek* waar ek nou bly, vandag deel is van Tzaneen dorp, en ek nou net op 'n groot erf bly, het ek nou onlangs een nag nog 'n yslike groot mamba in my hoenderhok doodgeskiet. Hy het die twee henne, wat saam 13 kuikens gehad het, en wat in 'n aparte hokkie binne in my hoenderkampie was, dood gepik en die derde kuiken wat hy ingesluk het, was nog in sy bek toe ek hom doodskiet. (Die kuikens in sy pens het gemaak dat hy nie deur dieselfde klein gaatjie waardeur hy in die hok ingekom het, weer kon uitgaan nie)

My kleinboet Jopie is die ou op *Doornhoek* wat seker al die meeste kere met mambas te doen gehad het. Hy en van hierdie mambas het al soveel kere op baie naby afstand mekaar diep in die oë gekyk, dat hulle waarskynlik naderhand op voornaam-terme met mekaar omgegaan het. Maar 'n mooi gesig kon dit nie wees nie, ek bedoel vir Jopie nou, en nie noodwendig vir die slang nie. Want daardie doodse kraalogies waarmee hy vir jou kyk, terwyl hy regop hier voor jou staan, is iets wat jou koue rillings gee as jy net daaraan dink. Gelukkig is enige slang (behalwe miskien 'n pofadder) soos enige dier maar bang vir mense en sal gewoonlik wegseil as hulle jou hoor aankom. Wat nie áltyd gebeur as jy jag nie, want jy probeer gewoonlik so sag as moontlik loop wanneer jy jag.

Maar mambas in die veld wanneer jy jag, is iets wat jy liefs heeltemal uit jou gedagtes verban, en vermy om enigsins oor te dink, anders sal jy heeltyd net op die grond voor jou kyk en glad nie ver voor jou kyk om jou prooi te probeer gewaar voordat hulle jóú dalk eerste sien nie. So was dit ook die keer toe ek en Jopie kleintyd eenkeer tarentale gaan jag het onder in *Doornhoek*.

Ek het voor geloop met die Obendorf Mauser .22, wat ek by my oupa Abel, wie se name ek gekry het, geërf het, en Jopie het agter my geloop met "Oorlê oom Jopie", die enkelloop 12 boor haelgeweer wat hy só gedoop het, omdat hy dit by my Pa se oom Jopie, wie se name hý gekry het, geërf het. Met hierdie 12 boor moes jy die eerste keer raakskiet, want ná jou eerste skoot het die dop altyd vasgesteek en wou nie uitskop nie, sodat jy eers 'n stok moes gaan afbreek om die dop mee uit te stamp voordat jy 'n tweede skoot kon skiet.

So loop ons elkeen met ons eie "genant", stadig en versigtig, op soek na tarentale. Later hoor ons die enkele "tjiek" van 'n tarentaal wat onraad vermoed, en ons sak al twee op ons knieë neer en ek kruip vorentoe tot by 'n groterige bossie. Na 'n rukkie se wag en met die oë vorentoe rondsoek, sien ek die tarentaal en ek skiet.

Dis 'n raakskoot, maar die tarentaal spartel en probeer wegkom. Nou weet ek, as jy nie gou by so 'n tarentaal uitkom en sy nek gaan omdraai nie, kom hy partykeer reg en vlieg windskeef die lug in, en jy kry dit nie weer nie. Daarom hardloop ek vinnig die 25 tree tot by die tarentaal, maar net toe ek hom aan die nek gryp, hoor ek die haelgeweer skoot agter my.

Dis Jopie, wat omtrent halfpad tussen waarvandaan ek geskiet het en waar ek nou met die tarentaal staan, geskiet het na iets reg langs die lyn waar ek langs gehardloop het. Hy het agter my aangehardloop, vasgesteek en geskiet.

"Waarna het jy geskiet?" vra ek.

"'n Hengse groot mamba!" sê Jopie, jy moes seker amper bo-oor hom gehardloop het. Ek het hom middeldeur geskiet, maar die voorste stuk het weggeseil!"

Ons gaan kyk na die stuk slang wat daar bly lê het, dis seker een en 'n half meter lank, en dis duidelik net die stert gedeelte, want dit word dikker van die stert se punt af tot waar hy dit afgeskiet het. Hoe lank moes hierdie hele slang dan nie wees nie? En dan begin ek eers bewe, want dis duidelik dat ek en hierdie slang dan amper op 'n "kresh kôrs" was, soos die ou tannie een keer gesê het.

My oom Boet de Clerck, hy was my Ma se broer, het by ons in die huis gebly toe ons nog op laerskool was. Vir ons was hy dus amper soos nog 'n Ouboet vir ons, en ons het hom dus Boet genoem (en nie vir hom "oom" gesê nie). Een van die eerste karre wat hy gehad het, was 'n Volkswagen Beetle. Hy het daardie tyd by die ou Bishes Garage op Tzaneen gewerk.

Een dag toe hy by die huis stop, nadat hy van Gravelotte af teruggery het, roep hy ons almal om te kyk na die Volkswagen, wat hy reg voor die voordeur gestop het. Nou, daardie ou Volkswagens se bakwerk was van 'n baie harde metaal gemaak, en selfs hael het nie sommer maklik 'n duik in die dak gemaak nie.

Maar hierdie Volkswagen het 'n duik dwarsoor die ronde "bonnet", en ook het die metaal nét bokant die voorruit, op die ronding van die dak, 'n diep duik in.

"Het jy in 'n paal vasgery?" vra my Pa.

"Nee," sê Boet, "net toe ek aan hierdie kant van Gravelotte oor *De Nek* kom, staan daar toe mos hierdie swart "paal" voor my in die pad. Ek het baie vinnig gery, en daar was nie kans om te briek nie. Die oomblik toe ek dit tref, sien ek eers dat dit 'n mamba was wat so regop, amper op die punt van sy stert, voor my in die pad gestaan het. En kyk wat se duike het hy in hierdie harde Volkswagen geslaan! Gelukkig kon ek die slang in die spieëltjie agter in die pad sien krul, anders sou ek bang gewees het dat hy dalk iewers onder die kar kon wees, soos baie keer gebeur as jy oor 'n mamba ry."

"Sjoe," het ons gedink, "kan 'n slang so hard wees?" En net daar het ons weereens respek vir 'n mamba gekry.

Eendag toe ek weer by vriend Daan Roux op sy plaas *Kondowe* duskant Letaba Ranch gaan kuier, is dit sy vrou Elmarie wat my by die deur kom ontvang, en nie Daan self nie.

"Waar is Daan dan?" vra ek, want hy weet tog ek kom en al sy voertuie staan hier.

"Jou vriend lê in die bed," sê Elmarie, "maar kom in, dan vat ek jou na hom toe."

"Is hy dan siek?" vra ek, hy het nie siek geklink toe ek hom die vorige dag gebel het nie.

"Nee," sê Elmarie, "maar kom kyk maar self."

Ons stap kamer toe en daar sit-lê Daan op die bed, maar hy lyk maar sleg. Dit lyk of hy onder 'n luiperd se kloue deurgeloop het, maar 'n stokou luiperd met stomp tande en stomp naels, sodat hy sommer 'n paar keer moes los en vat en oor-krap om 'n ordentlike vashou plek te kry.

"Wat het met jou gebeur?" vra ek, "jy lyk rêrig nie so heel as toe ek jou laas gesien het nie!"

"Ja, sê Daan, "dit was amper 'n lelike ding. Ek het met die veld motorfiets gery om bietjie die grensdrade te gaan bekyk. En, net toe ek daar waar my oorlê Pa se huis is, om die draai ry met 'n redelike vinnige spoed om teen die lyndraad af te ry, sien ek mos hierdie liederlike groot mamba dwars oor die pad lê. Nou ja, hy was heeltemal te naby vir my om te probeer rem trap, en om oor hom te ry, sou fataal wees – dit weet jy self. Daarom het ek die enigste logiese ding wat ek kon doen (en in 'n split-sekonde moes besluit) gedoen, en van die motorfiets af gespring, in die ry en teen daardie hoë spoed, sodat die motorfiets dan maar alleen oor die slang kon ry as hy wou. Maar amper het dit nie gehelp nie, want ek het amper tot by die slang geskuif voordat ek tot stilstand gekom het. Gelukkig het die slang teen daardie tyd darem ook geskrik vir die motorfiets en seker die geraas, en het al vinnig weg geseil gehad toe ek daar aangeskuif kom."

Sjoe! Dit was 'n noue ontkoming – ek dink ek sou seker maar net dieselfde gedoen het in so 'n situasie!

Laasjaar, toe ons weer vir 'n slag op die plaas *Oporto*, agter die Soutpansberg gaan jag, kom Karl Osmers weer daar kuier (soos hy gewoonlik doen as ons daar jag) vanaf sy plaas *Cohen*, wat nie te ver van *Oporto* af is nie – dis nou met die soontoe ry slag. Met die terugry is dit partykeer bitter ver, afhangende van hoeveel bier Karl deur die dag op *Oporto* gedrink het.

So ry Jopie en Karl met Jopie se bakkie en jag, terwyl ek en Danwilh met my ou Mahindra jagbakkie ry. Op die een paadjie deur die plaas, wat ons die "*Verdwynpad*" noem (So genoem omdat hierdie paadjie, wanneer ons dit met ons eerste jag van die seisoen en veral wanneer dit die somer goed gereën het, gewoonlik "verdwyn" in die lang gras en jy nie maklik kan sien waarlangs dit loop nie en jouself dan vasry en moet omdraai), ry ons en Jopie-hulle bymekaar verby van verskillende rigtings af. Nadat ons gestop en bietjie gesels het, ry elkeen hulle eie koers verder. Ons op hulle spoor en hulle op ons s'n.

Dan sien ons skielik 'n mamba wat reg dwars oor die pad lê. Ek stop en Danwilh is dadelik uit met sy 7x57 en lê aan op die slang. Iets lyk nie vir my reg nie, maar ek sê nietemin vir Danwilh: "Onthou net, ons is baie naby, so jy moet so 'n duim of twee bokant hom mik, of jy gaan onderdeur hom skiet!"

Danwilh skiet, maar hy het seker 'n bietjies té hoog gemik, want hy skiet nét bo-oor die slang, 'n gat in die grond. Maar die slang roer nie eers nie!

"Hierdie slang was klaar dood," sê ek vir Danwilh, "anders sou hy mos nou vinnig weggeseil het."

Ons stap nader, en ja wraggies, die slang se kop, wat net langs die pad in die gras weggesteek is, is pap geslaan en die nek nét agter die kop is flenters geskiet. Dit was die blerrie Jopie en Karl wat ons so 'n streep getrek het. Jopie het die slang se nek afgeskiet met sy .243 en die kop met 'n stok pap geslaan, en hy en Karl het die slang mooi reguit oor die pad "gestel" om vir my en Danwilh te flous. En ons het geval daarvoor, en Danwilh het jou wrintiewaar 'n dooie mamba misgeskiet!

Hierdie storie gaan eintlik oor mambas, maar vriend Paul se storie oor die luislang in my vorige boek, het my ook herinner aan iets wat ekself ook eenslag met 'n luislang oorgekom het. So, terwyl ek nou oor die ander Eva-verleiers skryf, kan ek seker maar hierdie storie ook hier vertel.

Dit het 'n klompie jare gelede gebeur, toe ons weer 'n slag op *Vrienden*, die plaas wat my neef Ossie Osmers agter die Soutpansberg gehad het, gejag het. Ons het altyd radio's saam gedra in daardie jare, sodat ons mekaar kon roep as jy iets geskiet het. Op *Vrienden*, wat 'n baie platter plaas is as *Oporto*, sonder hoë rantjies of koppies, het die radio's nie te sleg gewerk nie. Ons het dit gewoonlik afgesit of baie sag gestel, en dit net aangesit of die klank harder gestel as jy iets geskiet het of as jy een van jou jagmaats hoor skiet het.

Ek het my radio altyd aan my linkerkant, aan my gordel gedra – in my regterhand het ek my geweer gedra en dit sou net kap teen die radio as ek dit daar sou dra – en enige geluid wat nie soos 'n natuurlike bos-geluid klink nie, het die wild gewoonlik dadelik laat weghardloop.

Maar op hierdie spesifieke dag, terwyl ek vir 'n oomblik gaan stilstaan, asof iets vir my gesê het ek moet nou dadelik stop, hoor ek die "krggg" geluid van die radio, soos wanneer dit sag gestel is en iemand probeer jou roep. Maar twee dinge skiet terselfdertyd my gedagtes binne: eerstens dat my radio af is en tweedens dat die geluid van regs af kom, en my radio is mos links!

Dan kyk ek regs en sien duidelik 'n groot luislang se kop in die gras. My oë volg die lyf, wat ek nou eers gewaar, tot voor my voete – my regtervoet is feitlik teen sy lyf (seker minder as 'n sentimeter van sy lyf af), en my oë volg die res van die lyf na links, tot waar dit in die bossies wegraak. Dit is 'n reuse-luislang! Maar daardie agteruitspring van my op daardie oomblik sou waarskynlik naby 'n Olimpiese verspring rekord wees – en dit nogal in "reverse"!

Tewie Wessels

Nou dat ek maar eenmaal begin het om oor slange te skryf, moet ek darem seker die ding wat met my oorlê vriend Tewie Wessels gebeur het, ook hier skryf.

Ek het Tewie die eerste keer ontmoet toe ons jare gelede vir die Soutpansberg tak van die Bosveld Jagtersvereniging (BJV), 'n instrukteurs kursus gaan aanbied het. As ek reg kan onthou, was die kursus aangebied iewers op 'n wildsplaas agter die berg.

Ek het die ballistiek lesing aangebied, en kan onthou dat die vrae wat hy gevra het en die opmerkings wat hy gemaak het, my laat besef het dat hy waarskynlik meer geweet het van ballistiek af as ek self! En ek het dadelik aanklank gevind met hom, want alles wat hy gesê het, het hy gesê soos iemand wat met gesag oor die onderwerp kan praat, sonder om meerderwaardig te klink.

Deur die jare het ons mekaar soms gesien op BJV geleenthede en mettertyd vriende geraak. En later jare, toe beide hy en ek op 'n stadium Vise-Presidente van BJV geword het, en mekaar baie meer gesien het, het ons vriendskap verstewig. Ek het eenmaal by hom gaan kuier en jag op hulle familieplaas noordwes van Waterpoort, agter die Soutpansberg. Ons het mekaar se geselskap so geniet, dat ons daar en dan besluit het om voortaan op 'n gereelde basis saam te kuier op hierdie plaas.

Ons eerste afspraak moes uitgestel word. Die tweede ook, en ek kan vandag nie eers onthou om watter redes nie. En die volgende wat ek van hom hoor, is die skokkende nuus dat hy skielik oorlede is. En ek is vandag nog spyt dat ek nie maar 'n plan kon maak om die afspraken te kom nie. Maar soos die spreekwoord sê: "Spyt kom altyd te laat." En ook, soos my vriend Daan Roux al 'n paar keer vir my gesê het: "As jy iets wil doen, doen dit nóú, moenie sê ek wil nog eendag dit of dat doen nie, want eendag is nou – anders gebeur dit nooit!"

Tewie was een van die mees besonderse mense wat ek ooit geken het. Want Tewie was verlam – hy kon eintlik net sy regterarm effens beweeg, en moes 24 uur 'n dag iemand hê om hom te help, want hy kon nie eers die basiese natuurlike menslike funksies self doen nie. En ten spyte van hierdie gebrek, het hy nog altyd gejag (hy het sy elektriese rolstoel so laat modifiseer dat hy die geweer oor 'n stut kon plaas, en dan met sy regterhand die geweer in posisie kon kry en die sneller kon trek).

En dan het hy boon-op nog drie plase bestuur ook! Die een was sy eie plaas in die Soutpansberg bokant Louis Trichardt, die tweede was, as ek reg onthou 'n buurplaas, of in elk geval in dieselfde omgewing, van hierdie plaas (ek verbeel my dit was ook 'n familieplaas), en die derde was die familie wildsplaas agter die Soutpansberg. Boonop was hy ook nog op die bestuur van die Soutpansberg tak van BJV en 'n instrukteur, en het talle lesings op kursusse gegee. En soos reeds gesê, op 'n stadium was hy 'n Vise-President van die hele BJV ook! En hy het werklik waar 'n verstommende kennis gehad van alles wat enigsins iets met jag, die natuur en vuurwapens te doen het.

Op die wildsplaas agter die berg, het hy by 'n paar van die krippe vir hom skuilings laat bou, wat vir sy spesifieke omstandighede aangepas is, sodat hy gemaklik met sy rolstoel daar kon sit en wag vir wild om in te kom, en dan sy bokke geskiet. (Op ander plase het hy, saam met sy jagmaats, gewoonlik van agter op 'n bakkie in sy rolstoel gejag.)

By hierdie skuilings het sy helper hom gewoonlik hier teen halfdrie in die middag gaan aflaai, en hom dan weer skemer kom oplaai, behalwe wanneer hulle hom hoor skiet het, waarna hulle dan dadelik gekom het om hom en die bok op te laai.

Toe ek die slag by hom op die plaas gekuier het, was ons groot gesels normaalweg, soos dit eintlik op enige jagplaas is, elke aand skemertyd om die kampvuur. Dan het ek vir Tewie sy dop whiskey ingegooi, dit op sy ronde maag (soos by meeste verlamdes, is die maag gewoonlik uitstaande) neergesit, waar hy dit dan met sy regterhand kon bykom. Ek het soos gewoonlik met my glasie droë rooi wyn in my blik kelkie gesit en dan het ons gróót stories gesels. En dis op een van hierdie aande dat hy my sy storie vertel het:

"Eendag laai my helper my weer af by 'n skuiling by die een krip, en ek het hom opdrag gegee om my so teen skemer weer te kom optel. By hierdie skuiling het ek vir my 'n skietstoel laat bou, so die helper het my uit die rolstoel in die skietstoel getel, die rolstoel opgelaai en gery.

So het ek rustig gesit en die Bosveld stilte om my geniet, en gewag vir 'n bok om in te kom. Maar iets sê net vir my ek moet afkyk, en die volgende oomblik sien ek 'n kobra wat hier onder tussen my voete lê, en dadelik wegseil toe ek roer.

En ek word yskoud, want nou weet ek nie – het hy my dalk gepik, of nie? Want, omdat ek absoluut geen gevoel in my bene het nie, en hulle ook nie kan roer om te kyk nie, was daar geen manier wat ek kon weet of hy my wel gepik het of nie.

Dit was seker die langste paar ure in my lewe – om te wag (totdat hulle my kom haal) en nie te weet of ek dalk nou-nou gaan dood wees nie! En daar was geen manier wat ek my helper kon kontak nie." (Dit was in die dae voor selfone).

"Weet jy wat gaan alles deur mens se gedagtes in daardie paar ure?"

Nou ja, Tewie is toe darem nie gepik nie, maar hy is in elk geval nie baie lank na hierdie episode nie, oorlede. Ek kan nie onthou presies waaraan hy dood is nie, maar ek dink dat dit óf hartversaking of dalk van sy organe was wat ingegee het. By so 'n verlamde persoon is al hulle organe gewoonlik saamgedruk in onnatuurlike posisies, sodat meeste van hierdie mense jonk doodgaan.

Maar ai, wat 'n verlies is dit nie dat so 'n besonderse mens te vroeg van ons af weggeneem is nie!

As beurt-krag jou jag befoeter (of nie)

Dit lyk my beurt-krag is eie aan Suid Afrika, soos Vaalribbokke of Blesbokke. Praat jy van beurt-krag of "load-shedding" in baie ander lande met iemand (wat nié 'n oud-Suid Afrikaner is nie), moet jy eers mooi verduidelik wat dit is. En moet nie eers probéér verduidelik hoekom daar so iets in Suid Afrika bestaan as jy polities korrek wil bly nie.

Maar dat beurt-krag jou jag kan befoeter, sou ek darem nie sommer voorheen kon glo nie. Ek meen, jy jag mos darem altyd op plekke waar daar geen krag is nie, en verkieslik ook op 'n plek waar jy nie eers 'n kraglyn in die omte kan gewaar nie. (Daai woord wat jy nie ken nie, is weer eie aan Suidwes, of dan vandag Namibië, soos 'n Damara dik-dik. Moenie jou bekommer nie, dit beteken eintlik maar net: in die "omgewing")

En nou is ek ook nie eers seker of beurt-krag wel my ou jagmaat se jag rêrig beïnvloed het, of nie - nie op die ou end nie. Jy moet maar self besluit as jy hierdie storie klaar gelees het.

Die jagmaat is natuurlik Danwilh Ingram, met wie ek al baie jare lank saam gejag het. Die jagplaas was weer *Oporto*, toe ons vroeër hierdie jaar, in die laaste naweek van Mei, daar gaan jag het. Soos gewoonlik het ons die Donderdag gery van Tzaneen af. Met dié verskil dat ons besluit het om al die oggend vroeg te ry, in plaas van die gewone tyd van een uur, wanneer Danwilh op ete gaan by die werk. Ek het nog eers 'n paar dingetjies gehad om af te handel, Danwilh en my broer Jopie het al twee besluit om al vroegoggend te vertrek. Danwilh het al gery toe dit nog donker was – donker nie net as gevolg van die vroegoggend nie, maar ook omdat dit beurt-krag was.

Toe ek so 'n entjie duskant Louis Trichardt ry, lui my selfoon. Dit is Danwilh.

"Waar trek jy?" vra hy.

Toe ek hom sê, sê hy: "Ag nee, dan gaan dit nie help nie."

"Hoe bedoel jy nou, waar trek jy dan?" vra ek.

"Nee, ek is al op die plaas," antwoord hy, "en kan jy glo, ek het vanmore in die pikdonker tydens beurtkrag, my .222 uit die kluis gehaal en saamgebring, in plaas van my 7x57! Ek het gedink dat, as jy nog naby Tzaneen is, jy dit dalk vir my kon gaan haal."

"Ja," sê ek, dis nou 'n probleem, jy sal dan maar met jou .222 moet jag, dit kan darem mos 'n rooibok maklik doodskiet."

"Dis die ander probleem," sê Danwilh, "ek het nie 'n enkele .222 patroon saamgebring nie!"

"Dan sal jy maar Messina toe moet ry en gaan .222 patrone koop, dis mos nie so ver soontoe nie," sê ek.

"Nee, ek kan nie," sê Danwilh, "want ek het nie my .222 se lisensie hier nie. Maar het jy jou 375 én jou 7x57 saamgebring?"

"Ja, ek het," sê ek, "maar Gerhard (*my seun*) gaan met die 7x57 jag en ek met die 375. Maar hy sal seker nie elke sessie gaan jag nie, want jy weet mos hy is nie eintlik 'n groot jagter nie, hy wil net graag 'n Njala ooitjie skiet, en net omdat die vleis vir hom so lekker is. So ons sal seker 'n plan kan maak."

Nadat ons op die plaas aangeland het en my goed afgelaai het, eet ons net iets en gaan ry 'n draai op die plaas. Danwilh bestuur, ek sit links voor en Jopie en Gerhard sit agter op die bakkie. Nie ver van die huis af nie, in die doringveld oos van die Sandrivier, sien ons skielik 'n rooibokram ver voor ons in die pad. Of eintlik in die bos nét langs die pad waar die twee-spoor paadjie 'n draai maak.

Omdat dit lyk asof die rooibok nie juis oorgretig is om te bly en kennis te maak nie, wil Danwilh nie nader ry nie en Jopie besluit om maar van daar af te skiet. Dis bietjie ver, maar as die skoot van Jopie se .243 afgaan, kan ons sien dis raak. Ons ry nader en stop naby waar die rooibok gestaan het.

Ons kry sy spoor waar hy gestaan het, redelik maklik, en 'n entjie verder aan ook 'n bietjie bloed. Maar dan begin die honderde ander spore ons deurmekaar maak.

"Ek dink jy moet maar vir William gaan haal met die bakkie," sê Jopie, "dan sal ek en Danwilh solank verder gaan met die spoor."

"Dis goed so," sê ek, "maar Danwilh, vat jy dan my 375 dat julle twee gewere het as julle die bok kry en dalk vinnig moet skiet."

Ek loop terug bakkie toe – op pad terug merk ek sommer die plek waar ons die laaste bloed gekry het, met toiletpapier. Dan ry ek terug opstal toe om vir William te gaan haal. Gerhard was nog op die bakkie met my 7x57, maar toe ons by die huis aankom, besluit hy om te bly en nie weer saam te ry nie. Ek vat die 7x57 by hom.

Met William en Gottfrey (die nuwe man wat my neef Johan Coetzer gehuur het in die plek van oorlede Daniël) agter op die bak, ry ons terug na die spoor toe. Ek wys hulle die spoor en die bloed en ons loop dan op die spoor tot waar ons vir Danwilh en Jopie kry.

"Hier is *Ou betroubaar* weer terug," sê Danwilh toe ons bymekaar kom en gee vir my die 375.

"Nee, hierdie is *Ou betroubaar*", sê ek en gee hom die 7x57. "Die 375 se naam is *Ou Grootbek*."

"Wel, hy was ook betroubaar, want ek het 'n groot vlakvark met hom geskiet!" sê Danwilh. "Ons was nog hard besig om die spoor te volg, toe ons die klompie vlakvarke gewaar. Nou ja, toe ek die groot beer sien, het ek dadelik geskiet en hy het net daar geval."

Nie sleg vir 'n ou sonder 'n geweer om die eerste ding te hê wat wil bakkie ry nie! Want Jopie, William en Gottfrey het daardie rooibok se spoor gevolg totdat dit weer by die trop aangesluit en saam met die trop weggehardloop het – hulle het later die spoor verloor en nooit die rooibok gekry nie.

Die middag later kom Fred Kolbe, Jopie se swaer, ook op die plaas aan. Dis nou al die derde jaar wat hy saam kom jag op *Oporto*, altyd op ons eerste jag naweek van die jaar. Die vorige twee jare het hy elke jaar 'n rooibok geskiet – met Jopie se 243, want hy sien nie kans om met sy .303 met oop visier te jag nie. Maar hy is vasbeslote om volgende jaar met sy eie, nuwe roer te kom jag. So, die geselskap om die kampvuur elke aand gaan heel dikwels oor kalibers, geweer-vervaardigers en teleskope.

Ons geniet Fred se geselskap baie, en dan bring hy altyd iets spesiaals saam om te eet, soos murgbene of 'n ander lekkerny. En, dis baie lekker om iemand te hê wat elke aand saam met my 'n droë rooi wyn kan drink – die rooiwyne wat hy saambring, is gewoonlik uitsonderlike wyne wat hy so van tyd tot tyd koop en bêre, maar hy geniet my Nederburg Baronne darem net so baie.

Die volgende oggend wil Gerhard nie gaan jag nie – een van die voorskrif pille wat hy moet drink, laat hom baie sukkel om vroegmore op te kom. Dus vat Danwilh weer vir *Ou betroubaar* en ek die 375. Danwilh jag met die voet al langs die rivier af en ek, Jopie en Fred ry met die bakkie.

Nie baie lank nadat ons begin ry het nie, bel Danwilh, hy het 'n rooibok geskiet en vra of ons hom en die rooibok kan kom oplaai. Ons doen so, en nadat ons die rooibok by die slagplek afgelaai het, sê Danwilh dat hy maar weer wil loop en jag, want dit is nog vroeg. Ons gaan laai hom weer in die bos af en ry verder.

En sowaar – nog voor die oggend jag-sessie verby is, bel hy weer: kan ons asseblief vir hom én sy rooibok kom oplaai? Nee maggies, dat die ou sonder 'n geweer nou al drie goed het wat in die koelkamer gaan hang! Dis mos nie reg nie.

Maar dit werk seker partykeer so, want iewers deur die naweek skiet Fred, wat saam met William gaan loop het, 'n rooibok mis. Ekself jag weer op so 'n manier dat ek eintlik bang is ek kry iets, want net twee dae na ons naweek moet ek lughawe toe ry om vir 'n maand in Engeland by my dogter, skoonseun en ons enigste kleinkind te gaan kuier, en wat maak ek nou met die vleis as ek dalk 'n groot bok skiet? En natuurlik, dis toe ook wat ek kry, want 'n koedoebul staan toe mos plank-dwars vir my en kyk, terwyl ek met die 375 met 'n doodstil dooierus mooi op sy blad korrel. Maar ek wil nie skiet nie, want die vleis, wat maak ek daarmee? Al kan ek dit laat bewerk, wie gaan dit oplaai en in die vrieskas pak?

Jopie kry ook nie weer iets nie, Gerhard het 'n paar keer gejag en twee keer by die rivier gaan sit op 'n Njala boerplek, maar die samewerking van die Njalas se kant was taamlik onbevredigend, so hy het ook niks geskiet nie. Fred ook nie.

En toe kom Saterdagmiddag. Jopie en Fred het met Jopie se bakkie gaan ry, Danwilh, Gerhard en ek ry met my jagbakkie. Gerhard sit agterop met die 7x57, en ek het die 375 voorin. Danwilh bestuur weer (omdat hy links skiet, bestuur hy altyd sodat hy links by sy venster uit kan skiet, terwyl ek, wat regs skiet, weer beter uit die linkerkantse venster kan skiet). Dan, in die area wat ons die "koedoe-blok" noem, staan daar skielik 'n baie groot koedoebul met 'n dik, swart nek langs die pad, aan my kant van die bakkie - nie baie ver van die pad af nie.

"Nie ek of Gerhard wil 'n koedoebul skiet nie," sê ek vir Danwilh, "so vat die 375 as jy wil skiet, maar jy sal maar moet uitklim en hoop hy bly staan."

Danwilh vat die 375, maak sy deur saggies oop, sluip agter die bakkie tot by die bak, staan op en skiet in een beweging. Die koedoebul slaan net daar neer, maar aan die manier waarop hy sy kop probeer optel, is dit duidelik dat Danwilh sy rug afgeskiet het. Omdat hy nie nog 'n skoot met die 375 op die koedoe wil skiet nie, vra hy dat Gerhard vir hom die 7x57 moet bring, terwyl hy darem met die 375 gereed staan in geval die koedoe dalk wil opstaan. Met die 7x57 skiet hy toe die koedoe 'n breinskoot.

Nou ja, toe was dit eintlik glashelder duidelik dat die beurt-krag op die ou end tog nié Danwilh se jag befoeter het nie, want Saterdagaand was die ou wat sy geweer by die huis gelos het, die enigste ou met wild in die koelkamer – en nie net een bok nie, maar sommer vier stuks wild!

En om die kampvuur Saterdagaand het ons ander almal gewonder of dit nie dalk 'n goeie idee sal wees om in die toekoms ons gewere ook by die huis te los as ons weer gaan jag nie!

Ons Wakkerstroom jag

Ek het nogal gesukkel om die vorige storie klaar geskryf te kry. Gisteraand het ek van vriend Kobus Harmse van Kroonstad 'n e-pos gekry waarin hy vir my laat weet dat die leer geweerband wat hy vir my gemaak het, nou voltooi is en dat hy dit vandag vir my sal stuur. Hy wil toe ook weet hoe ons Wakkerstroom jagtog verloop het, waarop ek aan hom toe sommer die hele storie wat hier volg, vertel het, en onder andere verduidelik het hoekom ek so gesukkel het om die vorige storie klaar geskryf te kry:

Ons jag-trippie was toe baie lekker. Ek wou al geskryf het, maar hierdie keer kan ek ongelukkig nie die werk die skuld gee nie, want ek het myself vóór die jag-naweek al self uit werk uit gewerk. Dit gebeur af en toe, want omdat elke werk dringend is en voor sekere datums klaar moet wees, werk ek altyd dag en nag om dit klaar te kry voordat ek gaan jag.

So, ek probeer verder skryf aan my volgende boek (*dis nou die een wat jy nou lees*), maar dit sukkel maar. As jy nie werk het nie, en jy sit by die huis, dan word jy mos weer mens. Want vroutjie sê kort-kort: "Kom kyk bietjie hier – kan *mens* nie *dit* doen of kan *mens* nie *dat* doen nie?" Dan moet hierdie *mens* maar elke keer eers die storie-skrywery los en eers die *dit* of die *dat* doen.

Maar laat ek eers vertel van die jagtery. Eers vertel hoedat dit gekom het dat ons nou juis Wakkerstroom toe gegaan het. Terloops, Wakkerstroom is in Mpumalanga, maar die plaas waar ons was is in Natal, alhoewel dit amper teenaan die dorp lê.

My broer Jopie se swaer, Fred Kolbe, is 'n prokureur in Johannesburg, en hy jag die afgelope drie jaar saam met ons as ons vir ons eerste jagnaweek van die jaar op *Oporto* gaan jag. In Mei van hierdie jaar kom ons vriend Karl Osmers ook vir 'n dag daar kuier – hy gaan amper elke naweek na sy plaas *Cohen* toe, wat nie baie ver van *Oporto* af is nie. En daar vertel Fred ons toe van die troppie Vaalribbokke op sy plaas by Wakkerstroom. Hulle noem die plek *Saxony*, maar dit is eintlik die naam vir die eiendom wat uit twee plase, naamlik *Puntje* en *Winkelhoek* bestaan. Fred is die vyfde geslag Kolbe wat eienaar is van *Saxony*.

Fred sê dat hierdie troppie Vaalribbokke net nie wil aanteel en meer word nie. Hy sê ook dat een of ander "kenner" hom vertel het dat dit moontlik is dat daar dalk 'n alfa-ram is wat te oud is om nog te kan teel, maar dat hy (met sy langer horings) die jonger ramme weghou van die ooie af, sodat hulle ook nie kan teel nie. (Ek het gister by iemand gehoor dat dit by bosbokke blykbaar ook soms so gebeur). Hy vra toe ook of Karl, wat al 'n Vaalribbok geskiet het maar nooit nee sal sê vir 'n groter trofee nie, nie sal afry na Wakkerstroom en hierdie ram gaan skiet nie. En Jopie, myself en Danwilh moet ook saamgaan.

Nou ja, so is die naweek toe gereël vanaf 9 tot 13 Augustus 2023. Jopie het gevra of Fred vir ons dalk elkeen 'n blesbok kan reël wat ons miskien op 'n buurplaas kan gaan jag (Fred het nie blesbokke op sy plaas nie). Danwilh het ander verpligtinge gehad en kon nie saamgaan nie, so ry ons ander drie met Karl se dubbel kajuit Toyota bakkie soontoe. (vyf en 'n halfuur se ry!) Fred sou ons op die plaas kry.

Dis 'n baie mooi plaas, met baie hoë berge en jy kan baie ver sien van die berge af – op 'n helder dag kan jy Majuba se kop van daar af sien. Dis alles suurgras veld, met geen bome op nie, die enigste bome is verskillende variëteite bloekoms wat deur die vorige geslagte daar geplant is, en ook eike- en ander aangeplante bome. Daar is geen natuurlike bos op die plaas nie, maar wel wonderlike fonteine met die helderste en suiwerste water wat jy maar kan bedink. Die huis se water kom van een van hierdie fonteine af.

Die eerste oggend was dit heeltemal toegetrek en mistig, so ons kon eers laat wegry van die huis af. Ons het vir Karl op 'n plek in die berg afgelaai en ons ander drie het op die plaas rondgery totdat hy ons gebel het om hom te kom oplaai. Hy het niks gesien nie – ons ook nie. Die middag ry ons toe al vier aan die voet van die hoë deel van die berg, en kry toe twee troppies Vaalribbokke, elke troppie met een jong (maar volwasse) ram en twee ooitjies. En toe kry ons ook 'n troppie van vier rooiribbokke – een ram en drie ooitjies. En deur die naweek het ons toe uiteindelik nege Vaalribbokke en ses Rooiribbokke getel. (Fred het nie eers geweet hy het Rooiribbokke op die plaas nie).

Ons het oortuig geraak daar is nie 'n ou alfa ram op die plaas nie, en dat iets anders die oorsaak moet wees dat hulle nie wil meer word nie – want daar was nog al die jare Vaalribbokke op die plaas. Dit kan nie as gevolg van jag wees nie, want hulle is glad nie bang vir 'n bakkie nie, en die bure daar rond jag net met bakkies. Miskien dalk honde, maar ek dink eerder dat dit baie moontlik is dat dié gedeelte van die berg waar hulle bly, te klein is om nog baie meer Vaalribbokke te kan dra. En ook, daar is baie jakkalse, wat dalk baie van die lammers vang.

In elk geval, die volgende dag is ons toe na 'n buurplaas aan die onderkant (Natal se kant) van die berg. Maar jy ry met 'n ompad, om die Zaaihoek dam, want mens kan nie bergaf nie – daar is nie 'n pad nie – dis baie steil aan daardie kant van die berg. Die eienaar van die plaas was 'n ou skoolvriend van Fred (ook die vyfde geslag eienaar van sý plaas), maar is onlangs oorlede.

Sy drie seuns boer nou daar en ook op ander plase in die omgewing. Die een seun, Marius van Rensburg, neem ons toe op die blesbok jag. Maar dis seker een van die aangenaamste jong manne wat ek nog ontmoet het. Hy was baie vriendelik en het baie moeite gedoen vir ons.

Op 'n hoogte laat hy Karl sy bakkie los en ons klim agter op sy (Marius se) bakkie. Maar jy moet daardie grênd skietysters met mikke agterop daardie bakkie sien! Hulle is veerbelaai en kan in enige rigting vou en jy kan sit of staan en skiet en dit stel soos jy wil. (Hulle jag ook jakkalse in die nag met die bakkie). Ons het gery totdat ons 'n troppie blesbokke 'n ent vorentoe kon sien, en gestop. Hulle laai my by die enigste struik bos in die omgewing af met my teleskopiese driepoot (ek wou graag eerder daar sit as om saam te ry), en met Karl, Fred en Jopie agterop die bakkie ry hulle toe verder.

As ek my so skuins draai, kan ek hulle en die blesbokke heeltyd in die oog hou. En dit lyk my Marius ken die gewoontes van die blesbok-trop amper so goed as wat hy sy kinders ken! Hy het elke keer presies geweet wat hulle volgende beweging sou wees.

Maar toe die Boere oorlog uitbreek, kon ek nie meer mooi sien wat aangaan nie. (Seker nie so erg nie, ek dink dit was omtrent 8 skote). Eenkeer het die blesbokke gelyk of hulle na my kant toe op pad was om in my skootsvak in te beweeg, maar toe draai hulle maar weer terug na hulle eerste posisie.

Ek het later gehoor dat Jopie en Karl elkeen 'n misskoot geskiet het, en dat Karl met 'n tweede skoot wat hy gedink het mis was, 'n blesbok se been afgeskiet het, en toe nog 'n skoot na die blesbok geskiet het, waarmee hy die ander been afskiet, sodat die blesbok nie kon beweeg nie! Marius het gevra of hy nou maar die bok kon doodskiet, en het toe met sy 300 Short magnum twee skote na die kop geskiet om die bok uit sy lyding te verlos. (Met die eerste skoot het hy die kakebeen afgeskiet).

Die bokke was skynbaar met die eerste skote te ver vir Jopie en Karl en ek dink hulle het onderdeur geskiet. Karl het 'n fênsie *Burris* teleskoop op sy nuwe 308, maar van die soort wat jy 'n sekere aantal "klieks" moet stel vir elke afstand (hy het 'n tabelletjie in sy hempsak wat sê hoeveel klieks vir elke afstand) – wat natuurlik boggerol help as jy nie die afstand weet nie! Ek het mos al voorheen gesê dat ons Bosveld jagters nie afstand kan skat op die oop vlaktes nie, en hulle wou nie my "range finder" saam met hulle vat nie. Ek het vir Karl gesê hy moet daardie papiertjie weggooi, dit smokkel net met sy kop, en sy geweer net gewoonweg instel. Maar nee, die papiertjie bly in sy sak.

Later sien ek dat die blesbokke agter my rug verdwyn onder die wal van die rivier, en ek weet toe dat hulle in die klofie regs van my, sal opkom. Dus draai ek my om, druk my rug in die struik in (gelukkig het ek my kamoefleer klere aangehad, want die klofie was naby).

Dit gebeur toe ook net so, maar nie een wil stop nie, almal draf verby. Gelukkig stop hulle toe in die aanvanklike skootsvak wat Marius my uitgewys het. En soos hulle verby beweeg het, het ek stadig omgedraai en my driepoot ook reggeskuif. Nou ja, toe hulle stop moes ek eers mooi kyk om een te identifiseer wat alleen staan en skiet toe 'n groot ooi. Sy val toe gelukkig net daar, omdat ek haar rug naby die nek afgeskiet het.

Maar toe ons daar kom en sy nog haar kop lig, het ek maar vir Marius gevra om maar dadelik die keel af te sny. Ek het net gevoel dat ek die bok nie nog wil laat ly net omdat ek 'n foto van my en die bok wil hê nie. En 'n bok met die keel afgesny op 'n foto, is vir my maar 'n aaklige affêre – so wil ek nie 'n mooi bok onthou nie.

Nadat ons die bok opgelaai het, (daar was nou vier blesbokke op die bak – Karl het toe drie geskiet), kry ons hulle sowaar weer, en Jopie skiet toe een, ongelukkig 'n pens skoot. Maar ons het hulle maar rustig gevolg en telkens die een gekry wat agter raak, en wat naderhand alleen afgedwaal het.

Karl sê ek moet skiet as ek 'n kans kry, want Jopie vat, sedert sy beroerte, bietjie lank voor hy geskiet kry. Eenkeer kon ek skiet, maar in die verte agter kon ek die opstal sien, en so 'n skoot skiet ek nooit nie.

Naderhand gaan lê sy tussen die skape, met die hele trop skape rondom haar, wat haar later begin lek. Marius het die skape weggejaag, en toe sy opstaan kry ek my skoot in die middel van die nek, net waar dit by die lyf kom. Sy val toe ook net daar.

Marius het ons by ons bakkie afgelaai en met die blesbokke na sy huis, op 'n ander plaas, gery, waar hyself en 'n paar van sy werkers ons bokke afgeslag het. Karl het die eerste bok, wat net been-af, kakebeen-af en brein-loos was, vir Fred gegee en die ander twee is terug Tzaneen toe, waar hy dit vir sy kerk se basaar geskenk het.

My blesbok het ek en my seun die volgende dag bewerk, en dieselfde aand het Mariette vir ons daarvan gaargemaak. Maar die vleis was ongelooflik smaaklik en sag – en baie geurig. Moontlik as gevolg van die skaap-lek en byvoer wat hulle waarskynlik gereeld eet, want vorige blesbokke wat ek op ander plekke geskiet het se vleis was nie so lekker nie. Net een ander blesbok se vleis was ook so lekker, en dit was die een wat ek naby Newcastle geskiet het en wat hom elke dag dik gevreet het aan lusern.

Maar hierdie storie kan nie klaar wees voor ek nie darem die storie van Karl se jagbaadjie ook vertel het nie.

Vir enige jagter is sy jagbaadjie 'n baie persoonlike en kosbare iets wat hom gewoonlik na aan die hart lê, en baie sentimente waarde het. 'n Jag-broek of hemp kan jy maar weggooi as dit oud raak, en jag stewels raak mettertyd op, maar 'n jagbaadjie is iets wat jy gewoonlik jare lank hou. Dit word nooit gewas nie, en het gewoonlik 'n paar ou bloedvlekke op en daar is dikwels 'n bloederige punt van 'n koeël wat jy voorheen uit 'n bok wat jy geskiet het, gehaal het, in een van die sakke.

En alhoewel sy jagbaadjie vir 'n jagter heerlik na die veld en ou kampvure ruik, sal die vroumens-goed om een of ander onverklaarbare rede hulle neuse frommel asof hulle iets slegs ruik wanneer hulle naby so 'n baadjie kom. En moet ook maar nie jou hoop te veel daarop vestig om 'n drukkie by jou vrou of jou meisie te kry wanneer jy uit die jagveld kom met jou jagbaadjie aan nie. Moenie te geaffronteer voel as hulle dalk effens terugdeins as jy hulle wil druk nie –

vroumense het mos maar soms onverstaanbare gewoontes en geite.

Karl se jagbaadjie is nog nie so oud nie, maar dit het vir hom baie sentimentele waarde, want hierdie jagbaadjie kom uit Poland. Sy seun Benjamin, wat 'n Professionele jagter is, het dit vir hom van daar af saamgebring toe hy eenslag daar was om hom aan jagters daar te gaan bekendstel.

Nou kan ons weer terugkom na ons storie. Karl het die goeie gewoonte om, die oomblik wat hy klaar gejag het, die boer kontant te betaal vir die bokke wat hy geskiet het. So het hy ook gedoen, daar waar Marius ons by sy (Karl se) bakkie afgelaai het. Nadat hy betaal het, sit hy weer sy baadjie op die agtersitplek van sy dubbel kajuit.

Marius wil niks weet van dag-gelde of dat ons hom moet betaal vir sy brandstof nie, maar omdat Karl voel (soos ons ook) dat dit darem net billik is om hom daarvoor te vergoed, haal hy nog geld uit sy baadjie en gee dit aan Marius. Marius wil dit eers nie vat nie, maar as Karl daarop aandring, sê hy: "Goed, ek sal hierdie geld as 'n fooitjie vir die slagters gee."

By Marius se huis gesels ons nog lekker met hom (terwyl hy self ook van die bokke slag, en sy werkers die ander slag). Hy vertel ons dat hy, sy vrou en sy twee jong kinders almal jag. Hy en Karl ruil telefoonnommers uit, want Karl nooi hom om ook by hom op Cohen te kom jag volgende jaar. So gesels ons lekker, want ons kom agter dat ons dieselfde taal praat, die universele taal van jagters oor die hele wêreld heen.

Karl dink daaraan om dalk 'n hamel by Marius te koop. Volgens sy berekening moet daar nog R1400 in sy baadjie se sak te wees, seker nie genoeg nie. Ek sê: "Karl, ek kan eers vir jou kontant leen, want ek gaan vir Marius oor die Internet inbetaal vir my en Jopie se bokke, sommer van Fred se rekenaar af as ons weer op *Saxony* kom."

Maar Karl wil nie daarvan hoor nie. Hy wil sy baadjie uit die bakkie haal. Maar daar is nie 'n baadjie nie! Ons soek daardie hele bakkie van hoek tot kant deur, voor in en agter op die bak, en ons soek Marius se bakkie ook deur, maar ons kry dit nêrens nie. Karl is doodseker hy het dit op die agtersitplek gesit nadat hy vir Marius betaal het.

Ek sê: "Karl, jy het dit heelwaarskynlik op die bakkie se dak gesit toe jy die tweede keer geld uitgehaal het, en dit het net afgeval toe ons gery het."

"Nee," sê Karl, "ek is honderd persent seker ek het dit weer op die agtersitplek teruggesit. En behalwe dat daar nog R1400 én patrone in die baadjie se sak was, het hierdie baadjie vir my baie sentimentele waarde, omdat die kinders dit vir my uit Poland gebring het."

"Karl," sê ek, "ons word almal nou ouer, en ons vergeet partykeer dinge. As jy so seker is jy het dit weer daar gesit, moes dit mos nou daar gelê het."

"Moenie bekommerd wees nie, oom Karl," sê Marius. Ons sal dit kry. Ek het 'n trok wat van daar af op pad is hierheen, ek sal hulle bel om hulle oë oop te hou vir die baadjie vir as dit dalk langs die pad afgeval het. En dan gaan ek een van my werkers op my Pa se plaas bel dat hulle kan ry na waar Oom se bakkie gestaan het en kyk of hulle die baadjie daar sien." Hy maak ook sommer dadelik die twee oproepe, en praat met sy werkers in hulle taal (seker Zoeloe). Hy praat die taal absoluut vlot.

Maar Karl bly maar negatief: "*As* die manne dalk nog die baadjie kry, sal hulle in elk geval nie die geld in die sak los nie," brom hy, "maar as ek maar net my baadjie kan terugkry, is dit ook al goed."

"My manne sal nie die geld vat nie, oom" sê Marius, hulle werk al lank vir my en is baie betroubaar."

Voordat hulle klaar geslag het, kom die vragmotor daar aan – hulle het niks gesien nie. Maar Marius verseker Karl dat sy werkers op pad is na die plek waar ons dink die baadjie dalk lê, daar waar ons Karl se bakkie gelos het.

Intussen laai ons die blesbokke op Karl se blou seiltjie agter op die bak, maar omdat dit nie al die blesbokke toemaak nie, leen Marius vir ons een van sy seile. Hy sê ons moet nie bodder om dit terug te bring nie, hy sal dit sommer by Fred kry wanneer hy weer op Wakkerstroom kom. Fred bly nog 'n week langer op die plaas nadat ons teruggery het Tzaneen toe.

Van Marius se huis af is dit nader om Wakkerstroom om terug te ry *Saxony* toe, daarom vat ons hierdie pad terug nadat ons gegroet en dankie gesê het. Toe ons naby Wakkerstroom kom, bel Marius. Hy sê dat hulle die baadjie gekry het, maar sy mense sê daar is nie geld of patrone in die sak nie, net patroondoppe. Hy sê ook dat, toe ons die oggend daar gery het, hy twee van die draad span mense daar gesien het, miskien het hulle dalk die geld gevat, maar hy sal bietjie ondersoek instel. Marius wil sommer die baadjie vir ons bring! Karl verseker hom dat ons dit definitief nie van hom sal verwag nie – ons sal gou die bokke aflaai, iets eet en dan die seiltjie terugbring en die baadjie kom haal.

Karl is in ekstase dat hy sy kosbare baadjie terug gekry het – hy lyk nie heeltemal so entoesiasties oor die feit dat die geld weg is nie! Maar hy maak dit af met 'n: "Ag wat, die geld is ook nie so erg nie, maar die baadjie – hoe sou ek dit ooit kon vervang as dit weg sou wees?"

Ons pak al vyf blesbok karkasse in die reuse kisvrieskas in Fred se garage – al vyf pas sowaar in, ons moes net Fred se bok in stukke sny. Nadat ons geëet het, wil Fred en Jopie 'n middagslapie vang, so ek en Karl ry alleen terug, met Marius se seiltjie agter op die bak. Ons het dat Emma, wat amper die plaasbestuurder en ook uithaler sjef op die plaas is, die seiltjie eers mooi skoon was.

Eerste wat Karl doen toe Marius hom die baadjie gee, is om in die "geheime" sakkie waarin hy sy geld bêre, te voel, maar nee, daar is niks! Hy kry net een 308 patroon in die sakkie.

"Toemaar Oom," sê Marius, ek sal dat my sekuriteit span bietjie met daardie draadspanners se galle gaan werk – hulle weet hoe om iets uit skelms te kry. Ek sal Oom laat weet as ons iets reggekry het."

"Is jou span swart mense?" vra Karl.

"Ja, Oom, en hulle speel nie."

Nou ja, nadat Karl weer vir Marius bedank het en ons gegroet het, ry ons weer terug na *Saxony* toe. Jopie en Fred is darem ook weer op na hulle middagslapie, en ons drink eers koffie voordat ons weer wil gaan Vaalribbokke soek. Fred is nog altyd besig om vir Karl uit te vra oor gewere en teleskope, en dit lyk asof Karl so in sy noppies is met sy Sako geweer en *Burris* teleskoop wat hy onlangs gekoop het, dat hy net vir Fred wil oortuig om ook dieselfde te koop. Nou moet die tabelletjie in sy hempsak eers weer opgediep word om vir Fred te wys.

"Nou wat is dan nou hier in my hempsak?" sê Karl verbaas en staar ongelowig na die geld in sy hand. En ja, daar sit hy met die hele R1400 wat weg was in sy hand! Hy het dit nooit in die baadjie se binnesak gedruk nie, maar wel in sy hempsak!

"Gelukkig," sê Marius toe 'n baie verleë Karl hom dadelik bel, "het nie ek of my span nog iemand konfronteer oor die geld nie, so niemand is darem skade aangedoen nie!"

'n Amperse katastrofe in die Kaokoveld

In die jare toe ek vir die Hidrologie afdeling van die Departement Waterwese in die destydse Suidwes Afrika gewerk het, was die vaste reël dat daar altyd met twee voertuie gery moes word as jy die Kaokoveld besoek. Ten minste een van die twee voertuie moes ook met 'n Radio-spoor radio toegerus wees. Hierdie Radio-spoor radio, soos ek al in een van my vorige boeke verduidelik het, was 'n baie kragtige radio waarmee jy met die Hoof-radiostasie in Walvisbaai (amper soos die outydse sentrales) in verbinding kon tree.

Hierdie Hoof-radiostasie kon dan vir jou enige telefoonnommer skakel, sodat ons op sekere tye dus met ons kantoor in verbinding kon tree. Jy moes natuurlik net onthou dat elkeen wat so 'n radio gehad het, al jou gesprekke kon inluister! En dit laat my nou skielik dink aan een jong outjie wat dit bietjie vergeet het (of dalk nie daaraan gedink het nie). So laat my nou maar eers, soos gewoonlik, bietjie afdwaal van my eintlike storie om eers hierdie jongman se storie te vertel.

Want hierdie outjie het, ook iewers in die Kaokoveld, 'n springbok geskiet. En toe hy die aand sy meisie via die Radio-spoor radio op haar telefoon bel, het hy bietjie by haar gespog met hierdie springbok. En ook sommer vir haar vertel waarheen hulle die volgende dag sou ry. Hy het nie gedink Natuurbewaring sou die hele gesprek op húlle radio opvang nie! Met die gevolg dat, toe hy die volgende dag op die beplande plek uitkom, Natuurbewaring alreeds daar vir hom gewag het en summier aangekla het oor die onwettige springbok – en sommer sy geweer én die springbok afgevat het as getuienis ook!

    Soos ek in vorige stories ook al vertel het, het ons in die tyd toe ek daar gewerk het, meesal met Ford F250 4x4 voertuie gery, en later Chev 4x4's ook. Dan was ons verplig om, waar ons ook al heen gery het, voor die tyd 'n reisprogram in te dien – een afskrif daarvan het op kantoor gebly, en die ander moes jy saamneem. En ons was verplig om nougeset by hierdie reisprogram te hou. En daarop was ook aangedui op watter tye hoofkantoor dan gekontak sou word via die Radio-spoor radio – gewoonlik elke tweede dag, en aan hierdie maatreël moes ook presies só uitvoering gegee word.

    En dat dit wel baie belangrik was, het ek uitgevind toe ek die eerste keer vir my baas gevra het hoekom dit nou kwansuis nodig was om die program so presies uit te voer soos op die reisprogram geskryf, mens weet mos nie altyd vooraf wat dalk kan gebeur in die veld sodat jy die program moet wysig nie.

"As dit wel só gebeur", sê my baas toe vir my, "moet jy, as jy die volgende keer kontak maak, haarfyn vir ons in kennis stel hoe jou reisprogram sal wysig, wat ons dan op die kantoor kopie ook sal verander – en jy moet dit nét so op jou program ook verander."

En dis toe dat hy my hierdie storie vertel om te bewys hoekom hierdie dinge so belangrik was.

Vroeër jare, voordat ek nog by Hidrologie begin werk het, het hulle die Kaokoveld ritte altyd met Land Rovers gedoen. Die reëls oor die reisprogramme en radio's was, gelukkig vir die vier manne in die storie, toe alreeds in plek. Die een man, Mike (ek kan nie meer sy van onthou nie) het ek geken terwyl ek daar gewerk het. Hy het in die Dam-bou afdeling van Waterwese gewerk. Wie sy kollega op hierdie rit was, kan ek nie meer onthou nie.

In elk geval, hierdie twee manne het, elkeen met sy eie Land Rover en handlanger, met soos gewoonlik, al hulle toerusting, slaapgoed, kos, ekstra brandstof en water agter op die voertuie gelaai, die rit Kaokoveld toe aangepak. Hulle het, soos vereis, gelukkig streng by hulle reisprogram gehou, en elke tweede dag Hoofkantoor toe rapporteer oor die radio.

Maar op die dag van hierdie gebeurtenis, ry hulle oor 'n groot grasvlakte om by die droë rivierbedding, wat hulle wou ondersoek vir 'n moontlike dam terrein, uit te kom. Naby die rivier word die terrein bietjie sleg om gemaklik oor te kan ry (veral met 'n stamperige ou Land Rover!), en hulle stop om te voet na die rivier te loop en kyk. Die handlangers loop saam.

Nadat hulle die terrein 'n ruk lank bestudeer het, hoor hulle skielik 'n geknetter agter hulle. En toe hulle terugkyk, sien hulle tot hulle grootste skok dat al twee die Land Rovers in vlamme gehul is en besig is om uit te brand. (Later is vasgestel dat, toe hulle deur die grasvlakte gery het, die grasstingels om die dryf-aste vasgedraai het – of eintlik saamgebondel het. Hierdie gras het later so warm geword as gevolg van die wrywing tussen die gras bondels wat toe al om die dryf-aste saamgekoek het en die bakwerk, dat dit aan die brand geslaan het.) Toe hy wou nader hardloop, keer Mike sy kollega en sê: "Nee, wag, daardie ekstra petrol in die kanne op die bak kan enige oomblik ontplof!"

En werklikwaar – dit gebeur toe ook net so, en hulle kon net verdwaas staan en toekyk hoe die twee Land Rovers, met al hulle kos, water en slaapgoed voor hulle oë totaal uitbrand, gepaardgaande met ontploffings soos die brandstof in beide die tenks en kanne, ontplof. En hulle is in die middel van nêrens!

Hierdie vier manne het nou die werklikheid in die oë moes staar dat hulle almal 'n stadige dood kon sterf as gevolg van die feit dat hulle geen water of kos gehad het nie, of dat hulle ook van die koue kon omkom (die Kaokoveld, soos enige semi-woestyn, word snags bitterlik koud)

Watter ontberings hierdie manne deurgemaak het, sal mens seker nie maklik besef nie. Maar daar was twee ligpunte in die duister wat gemaak het dat hulle wel op die ou einde gered kon word. Die eerste was dat hulle geskeduleerde radio-oproep daardie namiddag sou wees, en die tweede is dat hulle, volgens hulle reisprogram, die volgende dag op 'n plek sou aankom waar daar mense was wat gekontak kon word.

Maar dit was in elk geval eers in die middel van die volgende dag, toe die plek waar hulle sou aankom, gekontak is, (nadat die feit dat hulle nie kontak gemaak het nie Hoofkantoor reeds onrustig gemaak het), en hulle nog nie daar aangekom het nie, dat die alarm klokkies vir Hoofkantoor ernstig begin lui het en 'n soekgeselskap gereël kon word. Met die gevolg dat hulle 'n volle twee dae nadat die Land Rovers uitgebrand het, eers opgetel kon word. Al vier manne was byna dood toe die soekgeselskap hulle vind, want net so koud soos die Kaokoveld nagte kon word, net so warm was dit gewoonlik bedags. En sonder water in daardie hitte, kan geen mens bly leef nie. Hierdie episode het werklikwaar amper 'n katastrofiese einde gehad!

Malatel op Sodwana

Malatel het vir amper 60 jaar lank by my Ma-hulle in die huis gewerk. Hy was 'n klonkie van seker so 13 jaar oud toe my ma hom gehuur het in 1952 - 'n jaar voor my geboorte. Eers moes hy my Ouboet (wat toe omtrent 3 jaar oud was) oppas, later ook vir my en kleinboet Jopie, en nog later het hy in die huis begin werk.

Hy het gehelp met die kosmaak in die huis en het elke dag pap gemaak. Hy het elke dag ook nog die huis skoongemaak, en selfs die beddens opgemaak!. En hy het geweet waar alles in die huis was. As jy iets moes soek, was die raad altyd: "Vra vir Malatel". Ons het hom naderhand die "computer" in die huis genoem, omdat hy altyd geweet het waar alles was! Sy volle name was Malatel Freddy Moseamedi, so het dit in sy ID boek gestaan.

Malatel kon absoluut vlot Afrikaans praat, soveel so dat mense wat dalk ons huisnommer geskakel het wanneer nie een van ons by die huis was nie, dikwels gedink het dit is een van ons wat geantwoord het.

Malatel was een van die reënkoningin Modjadji se mense. Die mense sê hulle is deel van die Noord-Sotho's, maar dis nie heeltemal reg nie. Hulle taal is feitlik dieselfde as Noord-Sotho, maar dis eintlik Selobedu wat hulle praat. So mens kan seker sê hulle is Selobedu's, al noem party van hulle hulleself dalk Noord-Sotho's.

Die eerste Modjadji het honderde jare gelede vanaf iewers in die Noorde van Zimbabwe gevlug vir haar broer, wie haar wou doodmaak ná die dood van hulle pa, en die broer wou skynbaar, volgens die legende, nie hê sy moet die koningin word nie – wat dalk haar pa se wens was. Sy het die "resep" vir die maak van reën gehad, en kon dit volgens oorerwing doen. Met hierdie vlug uit Zimbabwe, het haar lojale verkenners die ruie en beskutte kloof van Modjadji, met sy gerieflike grotte en weggesteek vir vyandige oë, ontdek. En daar het sy haar reën-maak tradisie begin, en haar stam begin opbou. So lui die legende.

In die jare toe Malatel in ons huis gewerk het, moes ons, wanneer ons ook al see toe gegaan het, altyd vir hom 'n bottel seewater, met 'n klein bietjie seesand onder in die bottel, saambring. Dit was glo baie goeie medisyne, waarvoor kon ons nooit presies uitvind nie. Vir die maag en die bloed, het hy altyd gesê.

Op 'n stadium, 'n hele paar jaar gelede, het my broer Jopie, saam met ons vriend Karl Osmers en nog drie vennote, 'n skiboot gekoop – om op die see te kon gaan visvang. Jopie en Karl het hulle Skippers lisensies gaan doen, die ander het nie belanggestel daarin om dit te doen nie. Trouens, veral een van die vyf vennote, Jan Cilliers, wat ook Jopie se besigheidsvennoot was, was eintlik taamlik bang om selfs net uit te gaan op die see. Hy was nogal taamlik eksentriek, soos ons netnou sal sien.

Hierdie vyf vennote het elkeen 'n naam uitgedink vir die skiboot en die name is in 'n hoed gegooi, en een naam is deur iemand anders uit die hoed getrek. Die naam wat toe getrek word, was "Quins", afgelei van die getal 5. Hulle eerste vaart met hierdie boot was op Sodwana, en al vyf vennote was saam. En soos enige skiboot eienaar wat gereeld op Sodwana gaan visvang jou sal kan vertel, is dit maar effens senutergend om van die strand af deur die eerste golwe te kom (en natuurlik wanneer jy terugkom ook). Vir twee vars gelisensieerde skippers soos Jopie en Karl, was dit *baie* senutergend, maar al twee het dit darem sonder te veel probleme gemaak.

En dit was waarskynlik hierdie senutergende "launching" (soos hulle dit in Engels noem) wat seker een van die redes was dat Jan so beangs was om saam uit te gaan see toe. Elke dag moes een van die vyf op die strand agterbly, want Quins was eintlik net groot genoeg vir vier ouens om gemaklik te kan visvang. Jan is die tweede dag, soos die lootjies wat hulle op die eerste dag getrek het, uitgewys het, saam – baie benoud en maar wit in die gesig, en hy was vreeslik bly toe hy die middag darem lewendig weer op die strand aanland.

Maar die tweede aand het een van die vyf (ek gaan nie sy naam noem nie – dit was nie een van die drie hierbo genoem nie) heeltemal oorboord gegaan met sy drinkery (hy het sommer al vroegmiddag begin), en was die volgende dag heel onkapabel om uit te gaan see toe.

Dus sê Jopie vir Jan: "Jan, hierdie ou kan duidelik nie saamgaan nie, so jy sal vandag maar weer moet saam."

"Aikona," sê Jan, baie benoud, "dit het my eergister die hele dag gevat om myself voor te berei om dood te gaan, daar is nie 'n manier wat ek nou kan saamgaan nie – ek het dan geen tyd gehad om myself vir die dood voor te berei nie!"

Wanneer Jopie-hulle van die see af teruggekom het, moes Malatel altyd die volgende dag help met die skoonmaak van die boot, die tente en die toerusting, en dit daarna weer wegpak op hulle plekke. Daarom besluit Jopie eenkeer, toe hulle weer Sodwana toe gaan, om vir Malatel 'n slag saam te vat. Hy was immers nog nooit voorheen by die see nie.

Soos te begrype, was dit seker vir Malatel die ondervinding van sy lewe. Hy het hom verwonder aan die see wat nooit ophou raas nie, en wat nooit vir 'n minuut stil was nie. En hom verkyk aan al die bote en mense, en die groot visse wat hulle gevang het. Hy het al die werkies in die kamp met oorgawe gedoen en, nadat hulle hom geleer het hoe om 'n vis skoon te maak, hierdie werk ook ywerig gedoen. En hy kon, alhoewel maar skrikkerig vir die see, hierdie slag vir homself sommer 'n paar bottels seewater gaan volmaak!

Ek kan glo dat hierdie vakansie by die see hom seker weke lank besig gehou het om, saans om die kook-vuur by die statte, aan sy familie en vriende te vertel van die wonderlike ondervinding wat hy beleef het. Dit kon ek aflei toe ek hom, net nadat hulle ná die vakansie by Jopie se huis stilgehou het met die boot, gevra het hoe dit was. Sy geesdriftige relaas van alles wat hy ervaar het, sou seker baie lank aangehou het as Jopie hom nie naderhand herinner het dat hulle darem nou moet begin aflaai nie – daar sal tog later baie tyd wees om te vertel.

En hy het sommer 'n ander houding gehad met die aflaaiery – jy kon sien dat hy sommer 'n heelwat belangriker persoon voel as toe hulle hier weggery het.

Nadat hulle alles afgelaai en weggepak het en die boot ook in die garage gestoot het, draai Malatel nog maar rond, so asof hy wag op iets.

"Jy kan nou maar huis toe gaan, Malatel," sê Jopie, "ons is mos nou klaar."

Waarop Malatel antwoord: "Maar is daar dan nie dalk nog 'n bier iewers oor nie? Julle self het my mos nou klaar bederf met die bier daar op Sodwana!"

Om aan die verkeerde venster te klop

In Desember 1969 raak ek vir die eerste keer in my lewe tot oor my ore smoorverlief op 'n meisie. Haar naam was Estelle Swart, en sy was my neef Vic Osmers se swaer se broerskind. Vic is later met haar beste vriendin, Corrie de Vos, getroud.

Goed, laat ek nou maar gou eers hier erken, dit was nié die eerste keer dat ek verlief geraak het nie, maar dit was darem die eerste keer dat ek verlief geraak het op 'n meisie wat daarvan geweet het! En hopelik darem bietjie op my verlief was ook.

Want ek het nogal maklik verlief geraak, en het deur my lewe, voor en ná Estelle, sommer baie keer verlief geraak – en net 'n paar van die meisies het ooit daarvan geweet! Trouens, die eerste keer wat ek verlief geraak het, was in die laerskool, op 'n meisie wat op 'n plaas anderkant Mica in die Bosveld daar gebly het. En ek het haar net vir 'n paar sekondes lank gesien, toe ek saam met my Pa daar verby gery het en haar buite sien speel het. En elke keer as ek die liedjie "Daar doer in die Bosveld" gehoor het, was ek van voor af verlief op dié meisiekind met haar rooi wangetjies!

Ten minste was die laaste keer dat ek verlief geraak het, darem op die meisie met wie ek nou al 44 jaar lank baie gelukkig mee getroud is!

Maar om terug te kom na my eerste liefde. Omdat Estelle-hulle op daardie stadium in Clubview gebly het (seker vandag deel van Centurion), net anderkant die Sesmyl-spruit, het ons mekaar natuurlik in my matriek jaar, net af en toe gesien tydens party vakansies, en het ons meesal vir mekaar geskryf. En ai, as jy darem daardie "vrybrief" in die pos kry en jy ruik daaraan en dit ruik soos feetjies, het jou hart darem woes tekere gegaan!

In Januarie 1971 is ek Weermag toe, na Heidelberg, waar die Infanterie-skool vir diensplig manne daardie jare nog was – dit het later jare verskuif na Oudshoorn, waar Staande-mag offisiere en onder-offisiere nog altyd opgelei was.

Maar dit moes seker, soos vir talle weermag ouens wat meisies gehad het, my verlange na my meisie vertienvoudig het. Want 'n paar jaar na hierdie Weermag jaar, toe ek al getroud was, ontdek ek in my hangkas in my Ma se huis se laai, 'n dik groen aantekening boekie wat ek in die Weermag gehad het, en is die naam "*Estelle*", in verskeie sierlike letters, seker vyf keer op elke bladsy van hierdie boekie geskryf! "Smoorverlief", dis nou doodseker!

Op een naweek-pas in die Weermag, gaan kuier ek vir my neef Vic Osmers, wat op daardie stadium in Pretoria studeer het. Ons het een aand vir Corrie (op daardie stadium Vic se meisie) gaan kuier in die woonstel waar sy by haar ouers gebly het, en Estelle het ook soontoe gekom. En, toe Corrie se ouers gaan slaap het, darem opgemaak vir die baie aande se verlang in die Weermag! En ons het "Cry to me" van die Staccatos, oor en oor gespeel. En elke keer wanneer ek daardie lied gehoor het, het my hart sommer gepyn van verlange!

Ek moet darem net hier sê, in daardie jare was ons vryery darem net 'n (hewige) gesoenery, hande vashou en omhelsings – ons het nie eers vatterig geraak nie! As jy nog sou wóú, het die meisie se ferm "Nee!", jou sommer dadelik van gedagte laat verander. Anders as vandag se vryery, maar kom ons hou liewer by hierdie onderwerp van vandag se vryery, verby.

Die volgende middag het ons by Estelle se ouers gaan eet. En nou is daar darem een ding wat mens nie met 'n jongman moet doen nie, en dis om te skimp oor iets – vra liewer reguit wat jy gedoen wil hê, en enige jongman sal dit dadelik doen.

Dus, toe Estelle se ma 'n skimp laat val dat ek en Vic nie eers daaraan sal dink om byvoorbeeld te help tafel afdek nie, spring ek en Vic op – en loop na die twee kopkante van die tafel. Toe vat ek aan my kant die tafeldoek bymekaar en hy aan sy kant, en ons tel op.

Terwyl Estelle se ma 'n gilletjie gee toe al haar borde, messe, vurke en bakke afskuif na die middel van die tafeldoek toe, dra ek en Vic die tafeldoek met alles daarop, kombuis toe en sit dit mooi binne in die opwasbak neer. Sy het nooit weer by ons oor so iets geskimp nie!

En, alhoewel ek en Vic nog so 'n kans kon vat met Estelle se ma, was ek maar baie skrikkerig vir haar pa. Ek meen, hy was immers my meisie se pa, en soos enige jong man vandag seker nog weet, is 'n meisie se pa nege uit die tien keer nogal nie te vriendelik met enige jong man wat met sy dogter wil uitgaan nie. Geen jong man is mos gewoonlik goed genoeg vir jou kosbare dogter nie.

Ek weet, want ek het mos darem self 'n pragtige dogter (toevallig ook Estelle!) waarvan ek haar eerste paar kêrels totaal onaanvaarbaar gevind het. Ek meen, daar was byvoorbeeld eers 'n gemors van 'n vent (wie ek een nag 'n taai klap gegee het sodat hy met die voet daar weg is terug dorp toe), toe 'n baber, toe 'n paling en laastens 'n bosluis, voordat sy darem haar trou-man, en die eerste ordentlike man wie ek kon goedkeur, ontmoet het.

En nou moes die volgende ding wat gebeur het, juis met die "skoonpa", waarvoor ek so respekvol skrikkerig was, te doen hê!

Na my basiese opleiding in Heidelberg, is ek uitgeplaas as instrukteur by die Verdedigings-Hoofkwartier (VHK) in Potgieter straat, in Pretoria. Nou was ek op daardie stadium in my lewe taamlik fiks. Want ons Bevelvoerder in Heidelberg was Kolonel Gert Potgieter, die bekende springbok atleet. En sy hele bataljon is meedoënloos geoefen om uiters fiks te wees.

In daardie jare, soos baie ouens wat in die Weermag was, jou sal kan vertel, was die "one-an-a-half", of een en 'n half myl (later 2.4 kilometer) wat alle weermag eenhede wekliks moes hardloop, die standaard waarteen die eenhede se fiksheid gemeet was. Kolonel Potgieter het ons absoluut gedryf met daardie een-en-'n-half – elke week moes ons 'n minuut of wat afsny van die vorige week se tyd (die hele Bataljon se tyd!) En hy het meeste kere saam gehardloop. En jy moes hierdie afstand hardloop met jou "webbing", staal-dak (staal helm) en geweer! Ek onthou hoe ons 'n paar keer nogal trots was toe ons tyd selfs beter was as die Valskermbataljon s'n. (hulle tyd was meesal die beste, maar hulle was darem heelwat minder troepe as ons bataljon)

Dus, toe ek by VHK aanland, was ek eerstens nog redelik fiks, en tweedens was ek nou net iets meer as ses myl (seker 10 kilometer) van my meisie af! En teen daardie tyd was die verlange darem al tot op 'n punt gedryf! En omdat VHK se reëls en regulasies nie naastenby so streng was soos die Infanterieskool s'n nie, besluit ek een aand om weg te glip en by Estelle te gaan kuier.

Maar toe ek so halfnege se kant die aand in Potgieter straat af draf – Clubview se kant toe, het ek natuurlik weer nie gedink aan die tydfaktor nie, en hoe laat in die nag ek daar sou aankom nie! En ook later agtergekom dat die twee of drie weke se minimale oefeninge, my fiksheid 'n effense knou gegee het, sodat ek so hier en daar moes loop as ek te moeg geraak het.

Met die gevolg dat ek eers lank na tien uur by Estelle hulle se huis aankom. En alles is alreeds donker! Nou voel ek baie onseker – kan ek nou nog gaan klop as almal al slaap? Aan die ander kant, maggies, ek het darem nou wraggies ver gehardloop om hier uit te kom en om darem nou om te draai sonder dat ek eers my meisie gesien het!

Maar ek weet mos watter kamer is Estelle en haar suster s'n, en gaan klop saggies aan daardie venster. As daar geen reaksie is nie, klop ek weer, hierdie keer bietjie harder. Maar toe skrik ek my amper uit my tekkies uit, want dis nie Estelle wat die venster oopmaak nie, maar haar pa!

"Wie is jy en wat soek jy?" vra hy kwaai.

"Dis Abel, oom, en ek het nie geweet julle slaap al nie, ek het hierheen gedraf van my Weermag kamp af!" sê ek benoud.

Hy bly 'n ruk lank stil, en kyk my op en af. Dan sê hy (soos dit vir my klink, baie knorrig), "Nou toe, gaan voordeur toe dan maak ek vir jou oop. Ek trek net gou iets aan."

Baie skrikkerig en baie verleë stap ek maar voordeur toe. Na 'n hele rukkie kom maak hy die deur oop.

"Kom in," sê hy kortaf, "ek het vir Estelle gaan roep en sy trek net aan dan sal sy kom."

Ek sit daar, ongemaklik, met 'n bek vol tande en weet nie wat om te sê nie. Hy vra darem naderhand uit waarvandaan ek gehardloop het en ek lieg maar so effentjies en sê dat ek baie vroeg al begin hardloop het en die afstand bietjie onderskat het en so.

Toe Estelle binnekom, staan hy op en loop uit, darem nie voor hy streng gesê het: "En julle kuier nie te laat nie, hoor!"

Nou eers hoor ek wat die storie was. Die badkamer en die oom en tannie se kamer het oorstroom (of iemand 'n prop in die bad of wasbak vergeet het en die kraan half oop was, en of daar dalk 'n waterpyp gebars het wat dit veroorsaak het, kan ek nie meer onthou nie), dus het die oom-hulle in

Estelle en haar sussie se kamer ingetrek vir die nag en Estelle en haar sussie moes in die spaarkamer gaan slaap. En toe dink ek mos eers daaraan: die oom het natuurlik seker gedink ek wou skelm in die nag vir sy dogter in die slaapkamer gaan kuier! Hoe moes ek nou ook raai dat ek aan die mees verkeerde venster klop!

En ek het net daar besluit om daardie aand maar liewer baie kort te kuier, soos die oom gewaarsku het. En ek moes maar die grootste deel van die 10 kilometer pad terug loop, omdat ek mos nie juis gerus het daar nie, was ek net te moeg om heelpad weer te draf!

Verskonings in die jagveld

Daar is nogal 'n taamlike verskil tussen jagters en vistermanne (alhoewel baie jagters natuurlik vistermanne ook is), veral betreffende "die een wat weggekom het" by vistermanne, of dan "hoekom daardie bakkie so leeg teruggeloop het huis toe, en waar is die bloedvlekke dan?" by jagters.

Die grootste verskil, na my beskeie mening, is eerstens die armlengte aan die eenkant, en die kwantiteit van die menslike verbeelding plus die kwaliteit van sy vindingrykheid, aan die anderkant.

Kortliks, jagters het nie naastenby sulke lang arms soos die vistermanne nie (om mooi te kan beduie presies hoe lank die een was wat weggekom het), terwyl die vistermanne weer nie naastenby oor soveel vindingryke verbeelding beskik nie (om te kan verklaar presies hoekom jy nou eintlik niks geskiet het op jou jag naweek nie).

Die gewildste verskonings van jagters is gewoonlik dat dit volmaan was en die bokke dus nie in die oggende juis beweeg nie, of dat dit heeltyd bewolk was en die bokke het weggekruip.

En: "Die bos is vanjaar so ruig na laasjaar se goeie reën dat mens net mooi niks sien nie" is ook nogal 'n redelik goeie verskoning. Of: 'Die wind het die hele naweek so gedwarrel dat die goed jou myle ver kan ruik," werk ook nogal goed. Ek meen, ek het darem al self gesien dat ek die wind kan laat draai om te waai net waarheen ék wil – as ek wil hê dit moet uit die suide waai, loop ek net noord en na twee tree voel ek die wind reg agter in my nek!

Laasjaar Augustus jag ons weer op *Oporto*. En vir daardie groenes wat dink dat jag net die doodskiet van bokke is, nee, op daardie naweek het ons bewys dat dit beslis nie so is nie. Want ons het die hele naweek hard gejag, maar kon nie 'n enkele skoot skiet nie! En toe ek vir my neef en niggie, Johan en Hannie Coetzer, wat die eienaars van die plaas *Oporto* is, in 'n e-pos probeer verduidelik het presies hoekom ons niks geskiet het nie, skryf Hannie vir my terug en sê dat ek hierdie verskoning net so in my volgende boek kan gebruik. Nou ja, Hannie, hier is dit, spesiaal net vir jou!

Ons is oortuig daarvan dat al die koedoes hierdie jaar besluit het om twee weke vroeër op vakansie te gaan, en nie te wag totdat die jagseisoen verby is voordat hulle verlof vat nie – soos dit eintlik hoort nie.

Ek is seker as ons verby Neels se dam kon ry, ons daar 'n hele ry strandstoele onder sonsambrele sou sien, met 'n koedoe op elke stoel en 'n mopanie blaar-"cocktail" in die klou. Met heelwaarskynlik 'n span apies as kelners om die aandra werk te doen.

Ons het net een haastige koedoekoei en een skelm bul gesien, wat ons vermoed óf te arm was om op vakansie te gaan óf wie se beurt dit dalk was om die fort te hou terwyl al die ander koedoes op verlof is.

Die meeste van die rooibokke het waarskynlik ook gaan deel in die pret, ons het net twee klein troppies in die lande kamp gekry wat ook nie wou bly om te groet nie.

Nou toe, vistermanne, kyk of julle met julle lang arms en al hierdie verskoning kan oortref!

Blesbokke, 'n meisie en 'n gróót nood

Dit was 'n paar jaar gelede toe ons weer 'n slag vir my suster Christa en my swaer Theo McDonald gaan kuier het op hulle plaas net buite Koster. Maar ons loop ons vas in 'n trop jongmense – seker omtrent vyf jong manne en 'n meisiekind, wie een van die jong manne se vrou of meisie was.

Een van die jong mans was 'n vriend of kennis van Dries, Theo en Christa se seun, en hulle sou die volgende dag op 'n buurplaas gaan blesbokke jag, en sou dan vir twee nagte by Theo-hulle slaap. Dit was dan skynbaar die rede vir hulle teenwoordigheid daar. Ek sê skynbaar, want die Vrydagaand het ek begin wonder of die groot paartie en braai wat hulle gehou het, nie dalk eerder die rede vir hulle bymekaarkom kon wees nie.

Een ou was 'n so 'n groot kêrel met sy een been in gips – ek meen te onthou hy het vir Tukkies rugby gespeel en in 'n wedstryd sy been gebreek - met wie ek vroegaand bietjie kon gesels. Later die aand was dit nie eintlik meer heeltemal moontlik om te gesels nie, die geraas was bietjie oorverdowend. Ek het begin dink dat alkohol mens dalk doof maak, maar dadelik besef dat dit nie so is nie, nee, eerder dat dit maak dat jy glo ander mense word doof as jý alkohol gebruik!

Daar was darem een outjie (die een met die vrou/meisie), met wie ek later kon gesels, die teenwoordigheid van genoemde meisie het seker sy kuier bietjie getemper, want hy kon darem nog sinvol gesels, en sonder om te skreeu. Dis nou daar waar ons eenkant, so 'n entjie weg van die desibels af, kon praat. En dis by hom wat ek toe gehoor het wat die rede vir hulle besoek was en hoe dit gekom het dat hulle nou juis dáár kom oorbly het.

Die volgende oggend vroeg is hulle toe uit om te gaan blesbokke skiet. Ek kan nie meer mooi onthou hóé vroeg nie, maar ek onthou dit was heelwat vroeër as wat te verwagte was ná die lekker makietie van die vorige aand. Dus kon ons darem die heeldag rustig met Theo en Christa kuier, en ek en Theo het na sy beeste op sy ander plase gaan kyk. So hoor ons toe die Saterdagaand eers hoe hulle jagtog afgeloop het.

Die Saterdagaand se kuier was strate rustiger as die vorige aand – ek kon selfs met 'n paar van die manne praat, en hulle selfs hoor ook omdat die ander ouens se stemme heelwat kalmer was as die vorige aand. Nou of die rustiger stemming as gevolg van die vorige aand se kuier se newe effekte was, of dalk as gevolg van hulle jag-prestasies, kon ek nie mooi agterkom nie.

Want alhoewel al vyf elkeen 'n blesbok geskiet het, het elke enkele een van die jong manne met die eerste skoot 'n blesbok se been afgeskiet! Elke blesbok moes maar met die bakkie gevolg word en op 'n nader afstand doodgeskiet word. Miskien het dit die manne se selfvertroue bietjie geknak en was dit dalk die rede vir die stemmiger gemoedere – wie sal ook nou weet.

Later sit ons by 'n jongman wat besig is om 'n lang storie te vertel. Dis nou van dié meisiekind wat hy een namiddag of dalk vroegaand ontmoet het, en, klink dit vir ons, met wie hy nogal taamlik planne gehad het vir die res van die aand – op 'n ander plek en geleentheid. Miskien 'n partytjie of 'n opskop of iets – dalk moontlik 'n disko of waarheen jongmense nou-se-dae ook al heen gaan. En of dié planne dalk nou van onkuise aard was of heel onskuldig, sal ons nou nooit weet nie, want ons kon nie die storie enduit luister nie.

Maar, volgens sy vertelling, was daar toe twee probleme. Die eerste was nie te ernstig nie, die meisie wou net ander klere gaan aantrek by haar ouerhuis, dis nou vir die volgende geleentheid. En hy moes maar saam, en wie weet, dalk sou hy met die ouers moes gesels – nie 'n lekker vooruitsig vir 'n jong man wat planne met genoemde ouers se dogter het nie!

Die tweede probleem was van 'n veel ernstiger aard, en dis dat die jongman besig was om 'n gróót nood op te bou, en, daar waar hulle eers was, was nie toilet-geriewe nie. Hy was uit die aard van die saak uiters huiwerig om by die meisie se huis 'n toilet te soek. Net om te vra daarna, was waarskynlik al vir hom 'n verleentheid. Maar die gedagte om dáár te vra of hy die toilet mag gebruik, het sommer vanself uit sy kop gespring toe die meisie se pa die sitkamer, waar hy sit en wag het, binnekom.

Maar ek vermoed dat, al wou hy om die dood nie vra of hy wel die toilet mag gebruik nie, sy nood waarskynlik nog 'n paar grade erger geword het toe die "omie" hom groet.

"Want," vertel die jongman, "dit was sommer 'n hoogs bedonnerde oom," wat hom sommer trompop loop en vra wat sy planne vir die aand is. Die meisiekind se pa het dalk 'n beter aanvoeling as ons gehad van presies watter soort planne hierdie vreemde jong man met sy dogter beoog het.

"En die pa is 'n dominee én 'n PH!" gaan die jongman voort.

Hier val ek hom eers in die rede: "Is sy naam dalk Ds. Danie van der Watt?"

"Ja," sê die jongman, "hoe het Oom geweet? Ken Oom hom dan?"

"Ja, ek kon hom baie goed," sê ek, "ons was lank saam instrukteurs in die Jagtersvereniging."

"Ek ken hom ook," sê 'n ander jong man hier langs my, "dis my oom, en die meisie waarvan jy praat, is my niggie! Maar vertel verder, nou wil ek darem baie graag hoor wat verder gebeur het."

En dit is hoekom ons nooit die einde van die storie kon hoor nie, want net daar verseg die eerste jongman om een woord verder te vertel!

'n Buffel en 'n knipmes

Nee, ek is nie besig om 'n storie te vertel van iemand wat 'n buffel met 'n knipmes doodgemaak het nie, dit sou redelik ongeloofbaar wees, en al my stories is mos oor ware gebeurtenisse. Ek meen, ek is nie eers seker of Chuck Norris dit sou kon regkry om 'n buffel met 'n knipmes dood te maak nie. So, dis maar net 'n geval van 'n buffel en 'n knipmes wat toevallig in dieselfde storie is, en nie juis direk met mekaar iets te doen het nie.

Ek weet wel van 'n ware storie waar 'n ou vriend van my 'n buffel op 'n baie ongewone manier doodgemaak het, en siende dat dit mos my ou laai is om eers 'n wye draai te gooi voordat ek by die *eintlike* storie uitkom, kan ek dit seker maar eers gou vertel.

Willem de Villiers was, soos ek ook in my boek *Op soek na nog óú kampvure* in die storie "Stories op Nzhelele", vertel het, hoof van die Entabeni staatsbos terwyl ons daar op Timbadola gebly het. Hy is later van daar af oorgeplaas na die Carolina as hoof van die staatsbos in die omgewing van die dorp.

In sy jong dae, in een van sy eerste poste by Departement Bosbou, was hy op Rundu gestasioneer. In daardie jare was die wêreld nog wild en ongerep, en was daar net 'n handjievol blankes. Daar was nog geen dorp nie, net die "Governer" se kantoortjie en een of twee ander geboutjies. En jy was bitter ver van alles af.

Eendag het Willem sy .22 gevat en die bos ingeloop om te kyk of hy 'n tarentaal vir die pot kon skiet. Hy het geweet van 'n groterige soetdoringboom waaronder die tarentale lief was om te kom skrop, en hy het in hierdie boom geklim, in 'n gerieflike mik gaan sit, en gewag vir die kolletjies-hoenders om hulle opwagting te maak.

Maar dit was toe nie die tarentale wat eerste ingekom het nie, maar tot sy ontsteltenis kom 'n groot buffelbul na sy boom aangestap, en kom vly hom onder die boom neer – vir 'n rustige slapie. Nou kan Willem nie afklim nie en dit lyk nie of die buffel enigsins haastig is om gou weer op te staan nie.

Toe dit al laterig die middag word en Willem al ure sit en wag, begin hy taamlik benoud raak. Dis ver terug na sy blyplek toe en mens wil nie ná donker nog in daardie bosse ronddwaal nie, hulle hoor immers elke nag nog leeus brul in die omgewing van hulle kamp.

Hy besluit hy wil maar die buffel skrikmaak met 'n .22 skoot. Die buffel lê met sy stertkant na hom toe, met die swaar kop op sy groot voorpote. Nou mik Willem met die .22 en skiet net agter die buffel se oor. Maar die buffel spring nie op en hardloop nie, nee, dit bly net so lê! Nou skiet Willem nog vier skote op dieselfde plek, sonder enige reaksie by die buffel.

En dan dring tot Willem deur: hy het sweerlik die buffel doodgeskiet! Hoe kan dit moontlik wees met 'n .22? Nou klim hy baie versigtig uit die boom, en van agter 'n groter boom se stam, gooi hy die buffel met 'n stuk hout wat hy opgetel het. En nog steeds roer die buffel nie!

Later, toe hulle die buffel kom oplaai en afslag, kon hulle sien dat sy hoek na die buffel presies reg was – die .22 koeëltjie het deur die sagte plek agter die oor reguit in die buffel se brein ingegaan – hulle het al vyf koeëltjies uit die brein uitgehaal!

Nou ja toe, julle ongeduldige lesers, nou kan ons uiteindelik by die regte storie uitkom. Maar eers iets oor die knipmes in die storie.

Toe ons eenslag tydens 'n jagtog agter die berg by Patel se winkel, wat net verby Masekwaspoort geleë is, stop (soos ons gewoonlik gedoen het toe Patel self nog die winkel gehad het – nadat hulle hom beroof en aangerand het, het hy Louis Trichardt toe getrek en sy seun het die winkel oorgeneem. Die seun het dit later verander sodat daar vandag net 'n vulstasie, klein kafeetjie en 'n drankwinkel is), het ek vir my daar 'n knipmes gekoop.

Trouens, ons het feitlik elke keer daar knipmesse gekoop, meesal Okapi's wat ons vir die slagters gegee het om mee te slag, wat hulle dan kon hou. Maar Patel het gewoonlik ook knipmesse van redelike gehalte vir baie billike pryse verkoop. Die mes wat ek gekoop het, was eintlik bietjie groot vir 'n knipmes wat jy pal in jou sak kon dra, maar die lekker lang lem was vir my ideaal om 'n bok mee keel-af te sny of om self mee te slag, so dit het my dra-mes geword. Ek dink die naam wat op die lem gestaan het, was "Steer". Maar die mes het die slegte gewoonte gehad om altyd uit my sak te foeter as ek iewers gaan sit – ek het maar altyd gekyk of dit nie daar bly lê het as ek weer opstaan nie. (Dit was nog voor ek by Karl Osmers geleer het om jou knipmes in 'n sakdoek toe te draai en dit so in jou sak te dra, dan verloor dit nie sommer nie).

'n Hele klomp jare gelede, seker nog voordat my kinders gebore is, is ek op 'n maand kamp vir die Weermag, anderkant Madimbo in 'n tentkamp iewers in die bos. Vandaar moes ons kort-kort patrollies loop. Op een van hierdie patrollies, word ons deur ons Inligtingsoffisier, 'n luitenant, iewers in die bos afgelaai. Een van die ouens wat saam met hom by Inligting was, was ook saam. Dit was nie te ver van die Limpopo rivier af nie, en toe ons met ons patrollie agter om 'n koppie loop, rigting Pafuri, sien ons die luitenant en die ander troep met hulle gewere in die rigting van die rivier loop.

Nou het ek gewik en geweeg of ek mag vertel van die baie ernstige ding wat gebeur het, waarby die luitenant betrokke was, en waarvan ons eers later gehoor het. Maar dit is waarskynlik vertroulike militêre inligting wat dalk net dinge sal oopkrap wat liewer moes bly, so ek het besluit om dit liewer nie te vertel nie. Soos hulle mos in party flieks sê: "If I tell you, I will have to kill you!"

Toe ons die wedersydse gesprekke op ons radio monitor, hoor ons van hierdie ernstige insident, en besef ook dat dit ons dalk ook raak, siende dat dit in ons patrollie gebied gebeur het – alhoewel ons niks daarvan geweet het nie. En omdat dit ons almal maar taamlik ontstel het, loop ons al vinniger, en let nie so mooi op na die dinge rondom ons nie. Met die gevolg dat, toe een van die manne agter my sê: "Korporaal, wil jy dan nou reguit in die buffel vasloop?", ek eers opkyk en die groot en skynbaar baie omgekrapte buffelbul seker nie 15 tree voor my nie, gewaar.

Dan blaas die buffel, kap met sy een voorpoot in die grond dat die stof so staan en kyk baie beneuks vir ons. Ek hoor net hoe span al die ouens agter my hulle R1 gewere, en sê: "Wat julle ook al doen, moet net nie skiet nie, want julle sal hom net kwes met julle skerp-punt ammunisie en dan het ons groot moeilikheid!"

Maar toe die buffelbul so twee tree nader aan ons gee en terselfdertyd weer deur sy neus blaas, span ek ook my R1 en skreeu vir hom: "Hei, loop, as jy storm gaan jy én ons baie drama hê!"

Gelukkig snork hy toe net een keer, draai om en verdwyn in die bos. Ek was taamlik kalm ná hierdie insident, maar ek moet seker maar erken dat my broek dalk nie so kalm was nie en uit sy eie onverklaarbaar begin bewe het!

Ons patrollie word toe voortydig terug geroep kamp toe. By die kamp aangekom, kom die Militêre polisie vir die Luitenant, die outjie wat saam met hom was, en vir myself en my onder korporaal met 'n Land Rover oplaai – ons moet vir 'n voorlopige ondersoek en verhoor na Messina ry.

By die HK op Messina moes ek en die onder korporaal net 'n verklaring skryf dat ons deur die ander twee, saam met ons patrollie manne daar afgelaai is en dat ons niks gesien of gehoor het nie. Daarna het ons baie lank buite op die gras gesit en wag vir die luitenant en die ander outjie, voordat ons kon terugry kamp toe. En natuurlik het my mes weer uit my sak geval, merk ek op toe ek oudergewoonte rondkyk nadat ek opgestaan het.

'n Paar dae later is dit weer so – hulle kom laai ons voor brekfis al op om weer na Messina HK te gaan vir 'n volgende verhoor. Die ander ouens is al besig om op te pak vir die uitklaring later die middag. En ek en die onder korporaal moes die hele dag daar op die gras bly sit en wag, ons is nie eers ingeroep na die verhoor nie. Ons was naderhand vrek honger, want ons mag nie wegloop om iets te ete te koop nie, vir ingeval hulle ons dalk roep, en ons kon mos nie brekfis in die kamp eet voordat hulle ons kom oplaai het nie.

Hier by halfdrie se kant kom die twee manne wat verhoor is, taamlik wit in die gesig, daar uit. 'n Luitenant wat ek nie ken nie (hy was seker deel van die verhoor-span), kom vertel ons, net toe ons opstaan, dat ons waarskynlik later weer opgeroep sal word na 'n volgende verhoor in Pretoria. Net toe ek op die Land Rover klim, val dit my by van die knipmes – ek voel in my sak, maar dis nie daar nie.

"Wag net so 'n bietjie, asseblief," sê ek vir die drywer, "ek het my mes daar op die gras waar ons gesit het verloor en wil dit net gou gaan kry."

Ek loop om die gebou na die grasperk waar ons gesit het, maar my mes is nie daar nie! Ek kyk oral rond, ook of daar nie iemand naby is wat dit dalk gou kon steel nie, maar daar is niemand nie. Baie bek-af loop ek maar terug Land Rover toe.

Ek onthou van hierdie terugrit net een ding, en dit is dat ons so vrek honger was dat ons by 'n piekanien 'n handvol gedroogde mopanie wurms gekoop het en net so gedoog geëet het – dit het maar bitter sleg gesmaak maar ons was darem minder honger na dit! By die verlate kamp het ons net ons goed gelaai en teruggejaag Messina toe om betyds die trein terug Pietersburg toe te kon haal, sodat ons kon gaan uitklaar.

Drie maande later kry ek 'n dagvaardiging om te gaan getuig in die opvolgende hofsaak teen die luitenant in Pretoria (waar ons weereens nie eers ingeroep is nie). Ek het daardie tyd op Vanderbijlpark gebly, so dit was nie te ver van my af nie.

Terwyl ons daar in 'n kamer sit en wag om te hoor of ons ingeroep gaan word, kom dieselfde luitenant wat ons in Messina gesê het van hierdie verhoor, daar ingeloop.

"Het een van julle kêrels dalk daardie dag in Messina 'n mes daar op die grasperk verloor?" vra hy, en hy staan met my lank vermiste knipmes in sy hand!

Kan jy jou indink: ek verloor my mes in Messina, en drie maande later kry ek dit weer terug — in Pretoria!

Wiele en steil afdraandes

Hier op die plaas *Doornhoek*, en ook op Mapietskop, waar *Doornhoek* se boonste hoekpunt is, is daar baie steil afdraandes. Hierdie boonste punt van *Doornhoek* is byvoorbeeld omtrent 150 meter hoër as my huis, en die paadjie op Mapietskop toe, was nog al die jare 'n riller as dit vir 'n paar dae aanmekaar gereën het. Dis nou vir die mense wat bo-op Mapietskop gebly het, en dan namiddae met hierdie pad moes opry terug huis toe ná werk.

Veral nog as jy die derde of vierde kar was wat op die pad moes ry, en dan moes jy maar hoop dat niemand voor jou dalk reeds vassit op die pad nie. En omdat min mense daardie tyd 4x4 voertuie gehad het, het mense soos oom Boet Osmers (my vriend Karl se pa) kettings gehad wat hulle om die bande kon vassit. Dis net die destydse TPA wat nogal nie so erg was oor jou as jy met jou "ysterwiele" hulle teerpaaie stukkend trap nie! (dit was te veel van 'n morsige werk om dit af te haal wanneer jy afkom en op die teerpad moet ry, terwyl jy op pad werk toe is).

In ons kleintyd was hierdie afdraandes altyd 'n groot verleiding om met enigiets wat wiele het, te beproef. Natuurlik ook, hoe steiler en langer die afdraand, hoe meer opwindend was dit vir ons! En die element van gevaar het dit net des te meer aanloklik gemaak.

Van my neef Vic Osmers se huis af, was daar so 'n afdraande – tot in die duik tussen ons huis en hulle s'n. Dit was 'n val van so 25 meter in hoogte oor 'n afstand van iets meer as 200 meter. Ek en my kleinboet Jopie het altyd sommer van ons huis af deur die duik geloop tot by hulle huis as ons vir Vic wou gaan kuier.

Eendag, toe ons drie weer onder die afdak by Vic hulle se huis deur die ou motoronderdele en stukke aste, bakwerk en ander "gemors" rondkrap, ontdek ons die raamwerk van 'n ou, swaar motorfiets – vermoedelik 'n stokou model Harley Davidson. Dit het nie 'n enjin, saal of voorwiel nie, maar die agterwiel is nog aan en draai redelik maklik toe ons die motorfiets uitstoot. En natuurlik was daar ook nie remme wat enigsins sou kon werk nie.

Maar dit is nogal swaar en lomp, ons moes al drie al ons kragte gebruik om dit onder die afdak uit te kry. Na nog 'n deeglike ondersoek tussen al die ysters, ontdek ons die voorwiel – maar daar is geen teken van 'n voor-as nie.

Maar 'n Boerseun maak 'n plan, en kort voor lank het ons vir ons 'n hout-as van 'n stuk besemstok gesny, en dit afgewerk met ons knipmesse totdat dit deur die voorwiel se gat, en deur die voorste vurk van die Harley pas. En die wiele was wonder bo wonder darem nie so gaar dat ons dit nie gepomp kon kry nie.

Verder het ons 'n langerige, harde kussing van een van Vic-hulle se stoepbanke gegaps, en op die

Harley vasgemaak – dit het mooi gepas vanaf waar die sitplek was tot op die langerige petroltenk. Hierop kon ons al drie agtermekaar op die motorfiets pas.

Ons "nooiens vaart" was taamlik senutergend, maar tog, mens kan maar sê "skrikwekkend opwindend" ook. Ons helper het ons 'n stootjie gegee, en toe ons op spoed was, agterna gehardloop. Hy moes immers help om die swaar motorfiets weer bult-op te stoot, maar ek dink hy was dalk ook maar begerig om te sien hoe ons onsself verongeluk aan die onderpunt van die bult!

Wat toe darem nie gebeur het nie, want, aan die onderpunt van die bult, waar die paadjie 'n draai na links maak, het ons al drie saam instinktief die motorfiets met al ons krag na regs gedraai – in die bos in – om so te kon stop! Die groterige struike en klein boompies het ons toe darem uiteindelik tot stilstand gebring, net met nie-ernstige skrape en geen kneusplekke aan een van ons drie nie.

Ek vermoed die storie wat my Pa en oom Boet altyd vir ons vertel het, van hoe hulle twee op oom Boet se motorfiets sonder remme Magoebaskloof se steil afdraandes en kort draaie afgery het (toe dit nog grondpad was!) het seker in ons al drie se onderbewussyn vasgesteek. Want oom Boet het, telkens wanneer hulle spoed te vinnig begin raak, doodeenvoudig skuins teen die grondwal vasgery en so sonder te ernstige beserings, die motorfiets 'n slag tot stilstand gebring. Dan het hulle maar weer voor begin en op dieselfde manier verder afgery – tot in Tzaneen!

Nadat ons onsself ondersoek het en vergewis het dat daar geen ernstige beserings by een van ons te bespeur was nie, het die groot werk gekom om die swaar motorfiets weer tot bo te stoot. En selfs met ons helper se meerdere krag (wat waarskynlik die meeste stukrag ingesit het), was ons nogtans taamlik uitasem en poot-uit toe ons weer bo kom.

Maar natuurlik het dit ons nie gekeer om onmiddellik weer die storie te herhaal nie! Ons het darem, na 'n vlugtige ondersoek van die hout voor-as, tot die gevolgtrekking gekom dat die as nog minstens 'n paar ritte sal kan hou.

Na die vierde afrit het ons gesien dat die hout voor-as waarskynlik met die volgende rit sou breek. Dit is toe dat ons besluit het dat dit darem net billik sou wees om ons helper, wat die swaarste werk moes doen met die opstoot slag, ook 'n bietjie kans te gee om af te ry. En sal die voor-as toe nie jou wrintiewaar besluit om te breek toe hy afry nie! En hy het nogal 'n klassieke val gehad – omtrent dieselfde as wat hy verwag het met ons sou gebeur tydens ons eerste afrit.

Wreed, sou jy seker sê. Of in vandag se lewe sou daar seker nog veel ernstiger beskuldigings wees, maar, dit is maar soos dit was – dit het so gebeur en ek kan nou niks meer daaraan doen nie. En niemand het darem ernstige beserings of letsels in die proses opgedoen nie. Selfs ons helper het dit as 'n groot grap gesien en, nadat ons 'n nuwe as gemaak het, weer ywerig gehelp met die op-stotery!

My neef Ossie Osmers (Vic se ouer broer), het bietjie meer ondernemingsgees gehad as ons – ek dink hy was veel dapperder (of dalk meer domastrant) as ons. Die eerste rit wat hulle gemaak het, was van my oom Niek van Schalkwyk se huis af – af na die groot pad se kant toe (toe nog nie geteer nie).

Gister het ons die skokkende nuus gekry dat my ander neef, Nic van Schalkwyk (oom Niek se seun), skielik oorlede is aan 'n hartaanval – hy was 80 jaar oud. Ek wou gister al verder skryf aan hierdie storie, maar was die hele dag te ontstemd om te kan skryf.

Want dit was juis Nic wat saam met my neef Ossie, eenslag in hulle jong- en jeukerige jare, met my niggie Hannie, toe 'n baba, se redelik nuwe stootwaentjie die steilte afgery het. Ons het dit in daardie jare sommer 'n "prêm" genoem.

Dit was 'n woeste vaart bult-af, en om die "prem" te stuur was maar 'n moeilike en oneffektiewe affêre, want Ossie, wat aan die agterkant gesit het, moes met sy hande dán die een wiel probeer "briek", dán die ander – en soms al twee wiele los wanneer sy hande te veel gebrand het. En daar was natuurlik geen manier om hierdie "prêm" te stop nie, behalwe toe dit vanself gestop het. Dis nou toe dit teen 'n taamlike spoed naby die grootpad omslaan en die twee insittendes met 'n boog deur die lug gooi. Waarna niks meer nuut was nie – die "prêm" was in 'n gehawende toestand, Ossie en Nic het nie juis beter gelyk nie, en dan is dit ook heel moontlik dat die twee se stêre ná hulle weer by die huis aangekom het, dalk ook taamlik afgeransel was. Ek dink mens sou seker nie te ver verkeerd wees om uit bogenoemde die aanname te maak dat 'n "prêm" waarskynlik nie die mees geskikte voertuig is om teen 'n steil afdraande af te jaag nie!

Maar moet ook nie sommer 'n kaskar se vermoë om afdraandes te kan hanteer, oorskat nie. Veral so 'n elementêre kaskar as dié soort wat ons kleintyd gebou het nie. Want dis waarskynlik wat Ossie gedoen het – ek meen nou die oorskattery. En ek praat van dié soort kaskar van kasplanke gebou, met 'n sit-hokkie met wiele agter, vandaar 'n plank "disselboom" na voor, waar die voorwiele aan 'n dwars plank vasgesit is. In die middel van die dwars plank is 'n bout deur (dis nou om dit aan die "disselboom" plank vas te kry), wat losserig in 'n gat pas, wat maak dat die wiele met 'n tou gestuur kan word. Die twee punte van die tou is op die punte van die dwars plank vasgesit, sodat mens amper met leisels in jou hande moes sit en stuur – soos in 'n koets of perdekar.

Maar anders as die kaskarre wat ons gebou het met klein wieletjies, het Ossie motorfiets-wiele onder sy kaskar gehad – kan jy dink wat se spoed hierdie wiele op so 'n lang afdraande kon haal!

Ossie het darem gelukkig besef dat dit nie een man se werk gaan wees om hierdie "leisels" te kan beheer nie – nie teen Mapietskop se steil paadjie af nie - daarom het hy een van sy nefies oorreed om saam te ry. Die hoogteverskil tussen waar hulle begin ry het en die eindpunt, was immers meer as 80 meter, dit oor 'n afstand van omtrent 650 meter, waar hulle beoog het om op een of ander manier gestop te kon kry.

By hierdie eindpunt het die paadjie gevurk by 'n soort van 'n begroeide "eiland" – een paadjie draai na links, en die ander na regs. In die middel van hierdie vurk het 'n boom gestaan. Ossie het gereken dat, as hulle net die draai na links gevat kon kry, hulle snelheid sodanig sou verminder dat hulle dalk in die ry sou kon afspring of selfs gestop sou kon kry. Want die vurk na links het eers 'n kort entjie opdraand geloop, voordat dit weer afdraand was tot by die grootpad. (Toe nog grondpad).

Ongelukkig het Ossie dalk nie daaraan gedink om hierdie redenasie aan sy nefie, wat moes help stuur, oor te dra nie. Of miskien het hy hom vertel, maar die nefie het dalk van verbouereerdheid in die harwar daarvan vergeet, want toe hulle teen 'n ontstellende spoed by die boom aankom, trek Ossie die leisels aan sy kant met alle mag na links, terwyl die nefie dieselfde aan sy kant doen, maar na regs!

Die gevolg hiervan was dat die beweging afwaarts en vorentoe, teen 'n onrusbarende hoë spoed, skielik in drie rigtings verdeel het. Die kaskar het sy reguit koers behou, en hom flenters teen die boom vasgeloop. Ossie se vaart het hom toe wel links van die boom verbygehou, maar natuurlik sonder die kaskar, en die nefie is weer regs verby, maar albei teen hulle aanvanklike spoed. Nie een van die twee se vaart het hulle egter so gou soos die kaskar tot stilstand laat kom nie!

En mens kan maar net bespiegel wie van die twee nefies of die kaskar meer flenters was na hierdie episode.

Dit was duidelik dat kaskarre (en knortjorre, soos ek in een van my vorige boeke vertel het), en Mapietskop se steil afdraandes nie regtig 'n besonder goeie kombinasie uitmaak nie!

Twee buffels op Letaba Ranch

In die jare toe Dr, Feltus Brand nog hoof van die Transvaalse Provinsiale wildtuine was, het die Bosveld Jagtersvereniging vir 'n paar jare buffel pakkette op Letaba Ranch gekry om te kon gaan jag. Die pakkette het bestaan uit twee buffels wat gejag kon word (bulle of koeie) teen 'n redelik billike bedrag. Die prys het ingesluit twee jagters en hulle verblyf vir 'n week lank op Letaba Ranch. Die toekenning van die pakkette was op 'n lotings-basis gedoen, en was net vir BJV lede. Dr. Brand was 'n ere-lid van BJV (Bosveld Jagtersvereniging).

My vriend André le Grange en sy broer Jacques was so gelukkig om een van hierdie pakkette te trek. Baie opgewonde kom André een aand by my huis aan en vertel die nuus. En met twee versoeke: eerstens of hulle my ou Land Cruiser kon leen vir die week, en tweedens of ek dalk vir hom so 'n paar van die patrone wat ek met 375 H&H *Jaccurate* ronde neus monolitiese punte gelaai het, kon gee.

Dit was nie lank nadat ek my jong buffelkoei met een van hierdie patrone geskiet het nie, en die indrukwekkende prestasie van hierdie monolitiese punt op die buffel het André taamlik vertroue daarin gegee. Want hierdie buffel het feitlik reguit na my gekyk, en die monolitiese punt het haar nekwerwels onder op die buig van die nek gebreek, vier ribbebene deurgesny en agter in die maag opgeëindig. Dit het net die loopgroef merke opgehad – ek kon dit net weer laai sou ek wou.

Die Land Cruiser, wat ek toe al in 'n kort jagbakkie omskep het, het hulle nodig gehad vir Letaba Ranch se paadjies – wat op plekke baie sleg was, sodat 'n gewone bakkie redelik verniel kon raak daarop, of ook as hulle 'n dooie buffel uit die digte bos moes gaan uithaal – want dis dikwels waar 'n buffel verkies om sy laaste doods-brul te gaan uitstoot.

Ek gee vir André sewe patrone – twee wat hy op die skietbaan kan gaan uitskiet om te sien of dit dieselfde skiet as sy patrone (hy het presies dieselfde geweer as myne, ons het al twee .375 H&H Winchester gewere), en vyf wat hy op die jag kan gebruik. Hy en Jacques sal al twee sy (André se) geweer gebruik. Gelukkig het dit maar dieselfde as sy ander patrone geskiet, so hierdie patrone sou nie met sy kop smokkel tydens die jag nie – dat hy sou wonder, terwyl hy jag, of die skoot wel sal tref waar hy korrel nie.

Hulle het 'n versoek gerig en gevra of my goeie vriend Daan Roux, wat ook 'n Professionele Jagter is en jare ondervinding van buffeljag het en Letaba Ranch goed ken, hulle kan vergesel op die jagtog, maar Dr. Brand wou dit nie toelaat nie. Dus sou hulle moes staatmaak op 'n jong natuurbewaarder met bitter min ervaring van buffels of enige gevaarlike wild, en 'n spoorsnyer van Natuurbewaring.

Nou ja, vir enige jagter is die voorbereiding en afwagting op die jag, saam met jou drome en verbeeldingsvlugte vóór die jag mos amper net so lekker as die jag self. Dus het die tyd vooraf, want gewoonlik bitter lank voel, darem ten minste aangenaam verbygegaan. En uiteindelik het die groot dag toe aangebreek, en is hulle met my Land Cruiser, gelaai met al hulle toerusting, weg na Letaba Ranch.

Dit is 'n baie aangename jongman van Natuurbewaring wat hulle by hulle aankoms verwelkom, en hulle ook aan die gids voorstel. Hy erken dat sy ondervinding met gevaarlike wild maar beperk is tot die kere wat hy saam met 'n ervare natuurbewaarder probleemdiere moes gaan skiet, maar dis darem ook vir hulle duidelik dat hy die veld en sy inwoners baie goed ken. Die spoorsnyer lyk ten minste ervare ten opsigte van sy spoorsny vermoë, maar dit klink ook nie of hy al baie kere op gevaarlike wild se spore geloop het nie.

Nadat hulle hulle goed by hulle slaapplek afgelaai het, trek André en Jacques lootjies om te bepaal wie eerste kans gaan kry om te skiet. Jacques is die gelukkige wenner, maar André is nie té ongelukkig nie – Letaba Ranch is bekend daarvoor dat daar sommer baie buffels is, so André sal seker ook darem gou 'n kans kry op 'n buffel.

Natuurlik wil elkeen van die twee baie graag 'n ou dagha bul skiet, maar die dagha bulle loop nie saam met die troppe nie, en dis al waarheen beide die natuurbewaarder en die gids hulle wil lei. As André hulle vra om liewer dagha bulle op te spoor, het hulle allerhande vae verskonings en volg maar net die troppe se spore. Mens kan dit seker verstaan: dagha bulle bly dikwels in die riete of ruie vleie, wat daardie soort jag baie gevaarliker maak. En die Natuurbewaarder het nie die ondervinding van sulke gevaarlike jagte nie, en die spoorsnyer is ook huiwerig om twee jagters, wie se vermoëns hy nie ken nie, in sulke gevaarlike plekke in te lei.

Dus volg hulle net die troppe se spore. Maar nou is die probleem om 'n buffel uit 'n trop te skiet, dat jy baie sukkel om 'n buffelbul te kry wat oop en alleen staan – en 'n 375 is bekend daarvoor dat dit maklik deur 'n buffel penetreer, veral as dit plank dwars voor jou staan. En hulle sukkel werklik om so 'n alleen bul te probeer identifiseer.

Toe Donderdag aanbreek sonder dat hulle nog een enkele keer die moontlikheid van 'n skoot op 'n bul kon kry, sê Jacques vir die natuurbewaarder dat hy sal skiet as hulle 'n oop skoot op 'n groot koei, wat alleen staan, kan kry. Want André se tyd om ook 'n buffel te kan skiet, word al hoe minder.

Donderdagmiddag kry hulle toe uiteindelik 'n koei wat lyk of sy alleen eenkant staan.

"Is julle seker daar is nie dalk 'n kalf by haar nie?" fluister Jacques vir die Natuurbewaarder, wat aandagtig vir haar kyk deur die verkyker.

"Dit lyk of sy definitief alleen is," fluister die ou terug, "maar ek sal dat die gids ook met die verkyker kyk om doodseker te maak.

Die gids vat die verkyker, en kyk stip na die koei.

"Sy is alleen," sê hy, "daar is nie 'n kalf by haar nie."

Jacques vat mooi korrel, en skiet. Dit lyk na 'n goeie skoot, miskien bietjie agter, maar seker definitief deur albei longe.

Die koei spring weg, maar o wee – daar lê dan 'n kalf! Sy moes vas teen die koei se blad gestaan het!

Hulle stap nader en bekyk die kalf – die monolitiese koeël het haar mooi deur die hart getref, en sy is onmiddellik dood. As hulle haar omdraai, sien hulle die koeël, wat dwarsdeur die koei getrek het, is ook dwarsdeur die kalf!

Hulle begin die koei se spoor te vat, maar is nog nie eers baie ver op die spoor nie, toe hulle haar doods-brul uit die baie digte bos voor hulle hoor. Nietemin stap hulle maar baie versigtig nader, want as sy nié dood is nie, kan dit 'n gevaarlike speletjie word. Jacques stap baie paraat nader, met die 375 oorgehaal. Maar sy is gelukkig werklik dood.

As die implikasie van wat gebeur het, hulle tref, is hulle baie onseker van wat nou verder gaan gebeur – sal Andrê nog sy buffel mag skiet? Daar is immers nou klaar twee buffels wat lê, al is die een nou 'n kalf. Maar hulle pakket sê twee buffels, niks meer nie.

Nou bel die jong man eers vir Dr. Feltus Brand en vertel hom wat gebeur het. Hy skram ook nie weg van die feit dat hy én die gids albei gesê het dat die koei alleen gestaan het nie.

"Hulle vra of hulle nou nog 'n buffel sal mag skiet," hoor hulle hom sê, "hulle weet hulle sal die kalf ook moet betaal asof dit 'n groot buffel is en hulle is tevrede daarmee, maar die een broer het nou glad nie 'n kans gekry om sý buffel te skiet nie, en hy vra of hy asseblief ook 'n kans mag kry."

"Nee," sê Dr. Brand, "hulle het hulle twee buffels geskiet en kan nie nog een skiet nie. Julle weet mos julle moet nie in 'n trop skiet nie!"

"Maar ons penaliseer nou die een jagter oor 'n fout wat sy broer gemaak het, dit is tog nie baie regverdig nie," waag hy dit om sy hoof te weerspreek.

"Nee," sê Dr. Brand weer, "julle skiet nie nog 'n buffel nie, en klaar!"

En daar is André-hulle se jag oor net na die eerste skoot!

Natuurlik het die jong man en die gids bitter sleg gevoel oor die hele situasie, want dit was hulle twee wat André-hulle net na troppe toe gevat het in plaas daarvan om na dagha bulle te soek, maar daar was net mooi niks wat hulle daaraan kon doen nie. As die hoof so besluit het, moet hulle luister, hulle het geen ander keuse gehad nie.

Terug by die huis, met ons eerste BJV tak bestuursvergadering ná die jag, het die bestuur besluit dat ek, as Sekretaris van die tak, 'n brief aan Dr. Brand moes skryf om hom net baie taktvol in te lig oor die hele situasie, en te vra of André nie weer 'n kans mag kry om sy buffel daar te gaan jag nie. En ook sommer te vra of hy nie wil heroorweeg dat Daan Roux dan kan saamgaan nie, met sy meerdere ervaring van buffels en sy kennis van Letaba Ranch, behoort hy dan 'n beter kans te hê om sy buffel wel geskiet te kry.

Ek het toe 'n baie mooi brief geskryf, sonder om die jong man of die gids enigsins af te kraak, en dit vir hom gestuur. Hy het nooit eers geantwoord nie!

'n Paar jaar later lees ek in ons plaaslike koerant van 'n persoon vanaf 'n ander plek, wat die Letaba Ranch besoek het. Hy skryf hoe hy by die hek, wat oopgestaan het, aangekom het en niemand daar gewaar het nie. Nie by die hek óf by die kantore nie.

Hy het toe maar ingery, deur al die paadjies wat absoluut in 'n haglike toestand was. Hy het later verdwaal, totdat hy gelukkig by 'n plek in die bos uitgekom het – mooi skoon oopgekap en met 'n paar tente. En toe sien hy ook vir die eerste keer 'n swart natuurbewaarder in 'n uniform. Hy stop en begin verduidelik dat hy effens verdwaal het.

"Ek hoop nie ek het verkeerd gedoen nie," sê hy vir die man, "maar daar was niemand by die hek of in die kantore nie, toe het ek maar in gery."

"Moenie worry nie," sê die man, "ek is die hoof van die reservaat. Jy kan maar rondry soos jy wil. Wil jy nie dalk 'n buffel skiet nie, dis net R2500? Daar is ander wild ook, wat jy vir goedkoper kan skiet!"

Ek het nie lekker gevoel toe ek dit lees nie, want daar wou Dr. Brand nie vir André toelaat om nog 'n buffel te kon skiet nie, en net 'n paar jaar later kan elke Jan Rap en sy maat 'n buffel daar gaan skiet vir minder as 'n kwart van die prys!

Maar toe vra ek myself af, watter was die beter beheer van die park en die beter waarborg vir sy voortbestaan: Dr. Brand se streng beleid, of dié van die korrupte amptenaar wat homself blykbaar verryk het en nie 'n snars omgegee het oor die buffels nie?

Kan 'n rooibok pienk sien?

Dit was in die tyd toe my neef Ossie Osmers nog die plaas *Vrienden* agter die Soutpansberg besit het. Soos ek al in van my vorige boeke vertel het, was dit die plaas waarop ek en my ou jagmaat Danwilh baie jare lank gejag het, en deur die jare ook baie vriende gehad het wat saam gejag het. Danwilh en van sy ander vriende het eintlik al 'n paar jaar daar gejag voordat ek die eerste keer met hom saam gegaan het.

Ja, dis met heimwee dat mens terugdink aan *Vrienden*, ons het darem maar baie lekker gejag daar. Maar, soos met baie jagplase, is dit nie nét die wonderlike Bosveld agter die berg wat die jagte so besonders gemaak het nie, nee. Want alhoewel ons baie kere daar gejag het sonder dat óf Ossie óf sy seun Neels daar was, was die jagte net soveel lekkerder as een of albei van hulle daar was. Ek kan met reg sê dat Ossie en Neels vir ons die jagte gemáák het daar – die kuier saam met hulle was altyd net so lekker soos die jag.

Maar nou moet ek eers weer 'n ander storie vertel, wat my broer Jopie gister gehoor het, toe hy saam met 'n hele klomp van hulle ou skoolvriende 'n braai gehou het hier naby in die berg. Dit gaan ook oor so 'n plaas waar 'n groepie vriende gereeld alleen (sonder dat die plaaseienaar altyd teenwoordig was) gaan jag het. Want een van die ouens vertel:

"Hier was 'n Oom met wie ons baie goed bevriend was, wat 'n baie lekker jagplaas besit het. (*ek neem aan dit was dalk ook iewers agter die berg*). Ons het 'n staande uitnodiging gehad om daar te gaan uitkamp en jag net wanneer ons wou – ons het hom gewoonlik net ná die naweek gebel om te sê wat ons geskiet het. Dit was baie jare gelede, toe ons nog heelwat jonger was.

"Eendag besluit ons klompie vriende dat dit darem 'n hele ruk gelede was wat ons laas daar gaan jag het, dit is nou rêrig weer tyd om 'n slag te gaan! Ons koop vleis en ander kos wat ons nodig het, en vat die pad. Halfpad stop ons eers, maak 'n vuurtjie net daar langs die pad, en braai 'n vleisie en 'n stuk wors. Nadat ons geëet het, ry ons verder.

"Man, maar ons het lekker gejag en gekuier daardie drie dae, en onsself verwonder hoekom ons so lank gewag het om weer te gaan jag. Ons het sommer 'n hele paar bokke op die bakkies gehad toe ons terugry huis toe.

"Die Maandag bel ek die Omie en gee verslag van die naweek en bedank hom dat ons altyd daar kan gaan jag."

"Wat!!", sê die Omie oor die telefoon, "het julle tog nie daar gaan jag nie? Ek het dan die plaas vier jaar gelede al verkoop!"

Nou ja, hierdie storie gaan ook oor 'n jag naweek op *Vrienden*. Op hierdie naweek was Ossie en Rita nie daar nie, dit was net My niggie Tillie en neef Chris Swart, wat die naweek met hulle drie seuns daar gekuier het. Almal baie opgeklits om iets geskiet te kry die naweek. Veral Christopher, hulle middelste seun, wat graag die eerste een wou wees wat 'n bok doodkry.

Maar toe word beide Chris en Christopher siek, en moet hulle in die bed bly. Friedrich, die jongste seun, was nog te klein om alleen te gaan jag, en het maar by Chris-hulle by die huis gebly. So was dit net Gerbrandt (die oudste) wat gaan jag het met Chris se groot geweer. Maar dit sukkel maar om iets dood te kry. Soos ek al in talle vorige stories geskryf het: dis nie altyd maklik om in die Bosveld agter die berg iets suksesvol gejag te kry nie. Onthou, die bokke kan baie beter sien, hoor en ruik as jy, en dan ken hulle die bos seker beter as wat jy jou eie huis ken. So jy sien baie keer bokke net vir 'n vlietende oomblik wanneer hulle vir jou weghardloop, of dikwels sien jy net mooi niks nie.

Die tweede oggend kom Gerbrandt redelik moedeloos uit die veld uit. Terwyl hy op die stoep sit en 'n glas koue water drink, vertel hy vir Tillie van sy mislukte jag poging. (Chris het vertel dat Gerbrandt in daardie jare graag gejag het, maar dat hy homself nog nie sover kon kry om 'n bok dood te skiet nie. Vandag is hy egter 'n baie geesdriftige en ervare jagter).

Tillie, wat net uit die stort gekom het voordat Gerbrandt opgedaag het, sê toe: "Nou kom, vat die .22 dan loop ek en jy 'n draai." Klein Friedrich wil ook saam – hy moet agter loop en mag nie praat of geraas maak nie.

Nou kyk, as jy al iemand gesien het wat in die mees verkeerde jag uitrusting die bos aandurf, dan het jy vir Tillie daardie dag gesien. Vandag sien jy nie sommer 'n jagter sonder kamoefleer klere in die bos nie, maar kyk bietjie na Tillie se voorkoms: sy het 'n skelpienk langbroek aan, 'n blou geruite top, en – krullers in die hare! Ten minste het sy darem gerieflike tekkies aan vir die (dalk) lang stapsessie.

So stap die drie toe vanaf die opstal weg in 'n suidelike rigting. Naby waar Ossie se krale gestaan het, swaai hulle links-weg in die rigting van die kliprantjie. Nadat hulle 'n ruk in die rigting van die rantjie gestap het, gewaar Tillie skielik die rooibokke.

Hulle is rustig aan't wei en gewaar glad nie die drie mense nie – kan rooibokke dalk nie pienk sien nie?

"Daar staan die rooibokke!" fluister sy vir Gerbrandt, "kruip na daardie boom voor ons dan kan jy oor 'n tak dooierus vat."

Maar Gerbrandt wil nie skiet nie (hy het later vir sy pa vertel hy het nie gedink 'n .22 kan 'n rooibok dood skiet nie).

"Nou goed," fluister Tillie weer, "haal dan net die .22 oor en gee vir my, dan sal ek skiet."

Gerbrandt maak so en gee die geweer aan. Tillie trap versigtig oor die bossie tussen haar en die boom, en sluip gebukkend tot by die boom. Sy kom stadig regop en korrel – die rooibokke weet jou werklikwaar nog nie van haar nie!

Tillie het op 'n plaas groot geword, en sy was 'n nooi Osmers, so sy kán skiet. Maar darem nou nie heeltemal op die manier waarop ander jagters skiet nie, nee, sy het nooit 'n geweerkolf teen haar skouer gedruk nie, maar die kolf bo-op haar skouer gerus.

Sy wag totdat 'n groot ram plank dwars voor haar staan en sy kop oplig. Dan mik sy presies tussen die oog en die oor, en trek die sneller versigtig af. En daardie rooibok sak net daar in sy spore neer!

Agter haar hoor sy Friedrich vir Gerbrandt sê: "Ek het nooit gedink Ma gaan rêrig die sneller trek nie!"

157

Toe hulle by die rooibok kom, sien hulle dat dit 'n perfekte breinskoot was wat hom op die plek laat dood neerval het. Dis 'n pragtige groot ram, en hulle moet beur om dit gesleep te kry tot by die naaste twee-spoor paadjie, waar hulle na seker 'n halfuur se gespook papnat van die sweet aankom.

Tillie stuur die twee seuns om Ossie se ou Land Rover te gaan haal, terwyl sy by die bok wag. By die huis aangekom, vertel Gerbrandt vir Chris, wat wil weet waar is Tillie dan: "Ons kom net die Land Rover haal, ons het 'n rooibok geskiet, Ma wag by die bok."

Chris is half omgekrap: "Hoekom skiet jy nóú 'n bok? Jy weet mos ek is siek, ek wil nie met my siek lyf 'n bok gaan afslag nie!"

"Pa, dit was nie ek wat geskiet het nie, dit was Ma", sê Gerbrandt, half verleë dat dit nie hý was wat geskiet het nie.

"Het *Ma* geskiet?" vra Chris, stom van verbasing.

"Ja, Pa, mooi in die brein!"

Nou ja, wie toe afgeslag het, kan nie Tillie of Chris mooi onthou nie, maar dit klink of die seuns almal taamlik jaloers was op hulle ma wat (met pienk broek, krullers in die hare en al) die eerste bok geskiet het, want sommer gou vertel hulle vir haar dat dit net 'n vloekskoot was, en dat sy dit nie wéér sal kan regkry nie.

"Nou toe," sê Tillie, "gaan haal die windbuks dat ek julle kan wys dat dit nie 'n vloekskoot was nie.

Die seuns gaan haal die windbuks en maak 'n plastiek botteltjie so 20 tree verder op 'n sandhopie staan. Dan knak hulle die windbuks se nek om dit te laai, en gee dit vir Tillie aan.

En nou verstaan Tillie nie so mooi nie – sy is doodseker dat elkeen van die seker tien skote wat sy geskiet het, almal voltreffers was. Maar daar is nie 'n enkele gaatjie in die botteltjie nie. En hulle koggel haar: "Ons het Ma mos gesê dit was net 'n vloekskoot op die rooibok!"

Dit was eers baie lank na hierdie dag dat sy uitgevind het dat hulle elke keer die windbuks oorgehaal het, maar nie eenkeer 'n windbuks koeëltjie ingesit het nie!

Praat van jaloers op Ma!

Minder lekker nagte onder die sterre

Soos ek al in baie vorige stories vertel het, het ons tydens my paar jare se werk in Suidwes-Afrika (Namibië) nooit in tente geslaap wanneer ons in die veld gewerk het nie. Dis nou behalwe as ons teen die kus moes werk (waar hewige dou jou sopnat kan maak) of as dit die slag gereën het – dis nou wanneer dit reën wanneer jy kamp wil maak.

Ons het altyd net 'n groot plastiek bokseil op die grond langs die bakkie oopgesprei, die een kant daarvan dan teen die Ford 4x4 bakkie opgetrek en daar vasgemaak aan die raamwerk (by die bak) en oor die enjinkap getrek (aan die voorkant van die bakkie) en dit aan die ver kant se "bullbar" vasgemaak.

Op hierdie seil het ons dan ons beddens staangemaak – een met die kopkant teen die voorwiel, en een teen die agterwiel. Dan is daar geen koue luggie wat onder die bakkie deur kan waai om jou nagrus ongemaklik te maak nie. Ook kon 'n hiëna, waarvan daar nog baie was in sekere gebiede, jou nie in die gesig byt nie – soos al met 'n paar vroeër jare se jagters gebeur het.

Ons handlangers wou nooit soveel moeite doen nie – hulle het gewoonlik net hulle bokseil plat op die grond oopgesprei, en met hulle beddegoed daarop plat op die grond geslaap.

As jy die eerste keer op 'n veld rit van so drie tot vier weke gaan, kom jy gou agter hoekom die ervare manne waarmee jy saamgaan, ander tipe toerusting as jyself gebruik.

Jy moet byvoorbeeld eers, hier so aan die einde van die tweede week, dwarsdeur jou kampbedjie slaap en op die grond beland, voordat jy ook soos hulle 'n outydse ysterbedjie met draad-vere aanskaf op om te slaap. Daardie soort waarvan die yster pote verwyder kan word. Hierdie bedjie vat amper geen plek nie, want jy maak dit met rek-hake teen die bakkie se raam vas, en die pote kom in 'n leë 20 liter oliekan waarin jou klein driebeen ysterpotjie altyd ry.

Net so, wanneer jou koffie fles met glas termos agter jou uitklim wanneer jy met jou bakkie teen 'n skuinste stop, en flenters op die klippe val, koop jy ook maar 'n duur Stanley vlekvrye staal koffie fles, soos die ervare manne. Maar jou eerste rit worstel jy dan maar deur sonder koffie op die pad. Jy kom ook gou agter dat melk in die koffie, selfs poeiermelk of kondensmelk, altyd suur word in daardie hitte – dis hoekom ek vandag nog swart koffie drink.

Daar is iets baie spesiaal daarin om, sonder 'n tent wat jou uitsig versper, met slaaptyd te lê en opkyk na die miljoene sterre. Die afwesigheid van enige kunsmatige lig vir honderde kilometers van jou af, maak dat daardie sterre so helder en naby lyk dat jy voel jy kan jou hand uitsteek en dit pluk. So lê jy dan na die oneindigheid van die sterre-ruimte en kyk totdat jy aan die slaap raak.

Maar natuurlik was daar ook partykeer minder lekker nagte in die veld. Ek het hierbo gepraat van die hitte, maar doen 'n bietjie in die winter 'n rit na die diep suide van Suidwes, dan sal jy gou agterkom wat koue is!

Ons het 'n 100 liter water tenk agter op die bakkies ingebou gehad – dit was omtrent 465 millimeter hoog, net so lank en net so breed, en het 'n kraan onder die bak gehad waar jy water kon uittap. Soms, in die suide, het eers hierdie kraan toegevries en moes jy met 'n plastiek pyp water uit die tenk tap.

Maar dit was al 'n keer of twee so koud dat die hele tenk gevries het, sodat jy nie eers 'n pypie daarin kon druk nie. Tydens sulke nagte moes jy maar sonder koffie wakker word as jy nie die vorige aand onthou het om water in 'n driebeen pot te gooi nie. Dan kan jy darem hierdie blok ys in die pot op die vuur laat smelt en kook vir koffiewater. En as jy op so 'n aand nie gisteraand se seep waswater in jou plastiek skotteltjie uitgegooi het nie, gooi jy die volgende oggend 'n blok seep-ys uit die skotteltjie!

Op 'n stadium, hier omtrent 1977 rond, koop ek vir my by die "*Army Access store*" in Buitekant straat in Pretoria, 'n stuk regte bokseil wat vanaf 'n Weermag Bedford trok gekom het. Op daardie stadium het ek 'n Datsun bakkie, met 'n raamwerk agter op, gery. Ek het dat hulle sommer daar in die winkel vir my die seil so modifiseer dat dit mooi oor hierdie raamwerk kon pas. Teen die kap van die bakkie was 'n "paneel" vasgewerk, sodat dit toe was voor en agter oop.

Hierdie seiltjie het baie handig te pas gekom tydens ons veld-ritte – ek het altyd my beddegoed (slaapsak met laken en kombers binne ingevou, en sponsmatras en ook my kussing) daarin toegedraai om te keer dat te veel stof daarin kon kom. Maar dit was ook 'n absolute lewensredder in die ysige koue nagte van die suide, want daar het ek dit oor my bed getrek en dit het die koue effektief buite gehou.

Daar in die suide, in die winter, het jy met al die klere wat jy saam gehad het oormekaar aangetrek, geslaap, sweetpak onderaan teen jou lyf. Dan het jy die volgende dag hier teen elfuur die oggend, net daar waar jy was op die grondpad, gestop en al jou klere uitgetrek, en dan net weer die boonstes aangetrek, Want dan was dit weer sommer baie warm.

Ons het nooit rêrig probleme met slange of ongediertes gehad in al die jare wat ek so onder die sterre geslaap het nie. Piering Visser (oor wie ek ook vertel het in 'n vorige boek in die storie "*Die beleg op Otjiwarongo*"), het wel een oggend in die Namib 'n horingadder met sy hand uit die vorige aand se vuur gekrap, maar dit het hom gelukkig nie gebyt nie. Dit was toe hy die koue as wou wegkrap om by die gloeiende kole uit te kom. Die horingadder het in hierdie lekker warm as-bed die koue nag in weelde deurgebring. Gelukkig was hy ook nog deur die slaap toe Piering hom uit sy snoesige bed krap.

Skerpioene het ons ook nie rêrig las gegee nie, behalwe daardie een keer. Ek het die slegte gewoonte gehad (dis nou totdat ek op die harde manier geleer het) om my klere altyd sommer langs my op die skoon groen seil te sit wanneer ek gaan slaap. Dit was 'n pynlike ervaring.

Mens kry vier soorte skerpioene – dis in elk geval al vier soorte in ons wêreld waarvan ek kennis dra. Jy kry geel skerpioene met dik sterte en klein knypers, en ander met dun sterte en groot knypers. Jy kry dieselfde twee soorte in die swart skerpioene. In albei kleure is die skerpioene met die dik sterte dié wat jou baie pyn kan veroorsaak, en selfs die dood kan veroorsaak vir klein kindertjies. Want daardie sterte is so dik omdat hulle vol gif is.

In elk geval, toe ek nou een oggend daar in die Kaokoveld my hemp aantrek toe ek opstaan, voel ek mos skielik 'n akute brandpyn in die middel van my rug. Hoog op my rug, nét daar waar jy nie met jou hande kan bykom nie. Toe ek die hemp amper skeur soos ek dit uitpluk, val daar 'n skerpioen op die grond!

Genadiglik was dit 'n gele met 'n dun stertjie, en ook gelukkig 'n kleintjie, anders weet ek nie wat ek sou gedoen het nie. Want ons was baie ver van enige beskawing af! So die pyn was net bietjie erger as 'n bysteek, dit het net langer aangehou as wat 'n regte bysteek doen. En ek kon niks aansmeer nie, want ek kon nie daar bykom nie! Van toe af het ek geleer om liewer my klere bokant my kop aan die bakkie se raamwerk op te hang. My stewels het ek darem van die begin af, onderstebo bo-op die bakkie gesit wanneer ek gaan slaap, sodat daar nie maklik skerpioene kon inkruip nie. (Ek doen dit vandag nog so, maak nie saak waar ek jag nie – onderstebo en hoog op 'n plek).

Ek het gesê dat ons nie baie las van seerbyt-gevaartes soos skerpioene en slange gehad het nie, maar muskiete het my darem ook eenslag 'n baie ongemaklike nag laat deurbring. En dit nogal in 'n maand wat mens nie so iets sou verwag nie.

Op 18 April 1978 begin ek weer werk in Windhoek, nadat ek my studies aan Pretoria Technikon voltooi het. Ek het nie baie tyd op kantoor deurgebring nie, want ek moes binne vier dae vertrek op 'n rit na die bo-Kaokoveld. Dus moes ek vinnig rondspring om alles in gereedheid te kry vir die rit. Ek trek vir my toerusting by die store, maar omdat dit April maand is en die aande dus al begin kouer word in Windhoek, dink ek nie daaraan om vir my 'n muskietnet te kry nie. Groot fout!

Op 28 April 1978 slaap ons die aand op Marienfluss, teen die Kunene rivier. Maar dis rêrig hond-warm, heeltemal anders as wat ek gedog het 'n April-nag kan wees. En daar is muskiete, nie hier en daar een nie, maar letterlik swerms van hulle! My hele lyf brand naderhand asof ek in die kole gerol het, en ek verwens myself dat ek so onnosel kon wees om so 'n belangrike ding as 'n muskietnet te vergeet.

Toe ek dit net nie meer kon hou nie, klim ek voor in die bakkie om daar te probeer slaap. Baie gou kom ek agter dat ek nou weer voel of ek kook van die hitte – dis eenvoudig net onuithoudbaar warm voor in die bakkie.

Nou draai ek die venster op 'n skrefie oop om bietjie koeler lug te probeer inlaat. Maar onmiddellik swerm daar 'n hele spul muskiete in die bakkie in – hulle sit sommer so swart teen die dak van die kajuit! Nou draai ek eers weer die ruit toe, en slaan dood teen die dak. Maar gou is dit weer so warm met die toe ruit, dat ek maar weer oopdraai – met net dieselfde gevolge. En so het dit deur die nag aangehou.

Drie uur daardie oggend sit ek baie miserabel aan die rook-kant van die vuurtjie, waar die muskiete net effens minder aktief is. En ek was nog nooit so bly oor 'n sonsopkoms as daardie dag nie!

In die tyd toe ek vir drie maande op Keetmanshoop gestasioneer was om vloed monitering in die suide te doen, het ek en my handlanger, Paulus, eenslag na die baie diep suide gery om 'n meetstasie te besoek. Maar hierdie meetstasie was werklik in die gopse – tussen die maanlandskap-tipe skurwe berge, op 'n slegte paadjie wat vanaf die pad na Rosh Pinha afdraai.

Ons het met hierdie paadjie vir kilometers ver al dieper die berge ingery, totdat die donker ons wou vang naby 'n verlate kopermyn, sonder dat ons nog eers naby die meetstasie was. Dit was so 'n verlate plek dat ek gedog het ons het iewers 'n verkeerde afdraai gevat om sodoende op die maan of op Mars te beland! (Vyftig jaar voordat Elon Musk sy planne om Mars te besoek, begin beraam het!) En dan het daar nog 'n hewige wind ook gewaai.

Maar dis eers toe ons uitklim om kamp te begin maak, dat ons agterkom dat dit eintlik 'n erge stormsterkte wind is. Paulus probeer 'n vuurtjie aanslaan, maar daar is nie 'n manier wat hy dit kan regkry nie – die wind is eenvoudig te sterk.

Na 'n ruk se soek, kry hy naderhand 'n stuk sinkplaat tussen 'n hopie myn-rommel, en probeer dit aan die windkant van die vuur regop staanmaak met groot klippe om dit te stut. Eers na die vyfde poging, waar die wind elke keer die sink wegwaai, bly dit regop staan. Maar die wind waai so rondom hierdie sink, dat dit lyk asof ons nie 'n vuur sal hê om op kos te maak nie.

Terwyl die vuur sukkel om gebrand te kry, probeer ek en Paulus om die seil plat op die grond te kry om dit dan teen die bakkie te kan optrek. Maar, terwyl ek en hy elkeen aan 'n hoek van die seil vashou, waai daardie wind die swaar bokseil dat dit, parallel met die aarde maar meer as 'n meter in die lug, stokstyf van ons af wegwaai, sodat ons verbete moet vasklou dat die wind dit nie uit ons hande ruk nie.

Ons moes later uit desperaatheid ons al twee se hele gewig op die seil gooi om dit net op die grond te hou, waarna ons groot klippe op die hoeke van die seil pak. Ons is natgesweet en doodmoeg van die gespook toe ek eindelik uitgeput op my bed kan neerval, terwyl Paulus gaan kyk of sy vuur ooit nog brand.

Ek lê op my rug op my bed, met toe oë. En skielik is die wind doodstil, net ná al ons gespook met die seil! Dan val daar 'n druppel water in my toe linkeroog. En dan nog een, en toe stortreën dit skielik! En ek moes 'n miserabele nag voor in die bakkie deurbring, want al my beddegoed was sopnat!

Die volgende oggend het ek omgedraai en teruggery Keetmanshoop toe, sonder dat ek ooit by die meetstasie uitgekom het. Ek kon darem 'n ordentlike verskoning met die Radio-spoor radio na Hoofkantoor in Windhoek toe deurbel: dit het immers gereën, en my hooftaak was mos om vloed monitering te doen sodat boere stroomaf van die vloede betyds gewaarsku kon word. En reën beteken moontlike vloede!

Op 10 November 1978, kom ons so 'n ent buite Kamanjab, by ons beoogde oornag plek aan. Ons is op pad na die noordelike Kaokoveld toe, via Palmwag, wat so 130 kilometer wes vanaf Kamanjab is.

Dis 'n heerlike November nag, met 'n effense luggie wat trek sodat dit die normale Kamanjab hitte bietjie breek. Ons maak vir ons kos, gesels 'n bietjie om die vuur, en klim toe in die bed. Dis 'n mooi oop, skoon aand, sodat die sterre 'n pragtige vertoning bokant ons koppe maak. Daar is net 'n effense dynserigheid in die lug wat maak dat die sterre nie heeltemal so helder is as wat dit gewoonlik in hierdie wêreld is nie. My klere, soos wat my pynlike ervaring my geleer het, hang netjies bokant my kop. Die bokseil waarin my beddegoed vir die rit opgerol was, lê langs my bed op die seil - dis mos nie koud nie.

Clive Legge, wat saam met my daar was met sy MAN vragmotor met die hyskraan op, lê met sy kop teen die agterwiel, ek teen die voorwiel van die bakkie.

Iewers in die nag, sonder enige waarskuwing, bars daar skielik 'n hewige reënstorm oor ons los. Maar dit sous! Dis asof emmers water aanhoudend oor ons uitgegiet word – Kamanjab reën mos nooit só nie!

Clive vlug in die MAN se kajuit in, maar hy moet sy groot lyf half óm die middelste konsole met die rathefboom in, vou om taamlik ongemaklik te probeer slaap. Ek trek dadelik my bokseil oor my bed en oor my kop – daar is 'n gaatjie van so twee sentimeter by twee sentimeter naby my kop, waar batterysuur eenslag die seil stukkend gebrand het. Ek sit dit bokant my kop om te kan asemhaal, en dat die reën daardeur bokant die koppenent van my bed kan deurval.

Dit reën dwarsdeur die nag, onophoudelik en teen dieselfde hewige tempo, heeltemal ongewoon vir hierdie wêreld. Die handlangers, so het ons eers die volgende oggend vasgestel, het almal op 'n hopie onder hulle bokseil ingekruip, sodat ons eers na 'n rukkie se soek kon agterkom dat die bokseil in die middel 'n snaakse hoë "bult" maak! En ons het ons verwonder daaraan dat hulle nie versmoor het gedurende die nag nie.

Die volgende oggend nege uur hou die reën eers op. En daar is nie 'n droë stukkie hout iewers in die omtrek om 'n vuur vir koffiewater te kan maak nie. Ons sou eers heelwat later in die dag by 'n plek aankom waar daar droë hout was om te kon vuurmaak.

Maar toe ek opstaan, is dit al of ek nie mooi kon hoor nie. My hele oor was vol tabaksop! Want, slim soos ek was om my klere bokant my kop te hang, blyk dit dat ek nie heeltemal slim genoeg was nie. Want ek het nooit daaraan gedink, toe dit begin reën, dat my twaksak nog aan my broek gehang het toe ek gaan slaap het nie. Die reën het al die tabak in die sakkie in 'n pap sop verander. Verder het die seil oor my bed ook net soveel geskuif dat die gaatjie regoor my oor was, en al daardie tabaksop het in my oor ingeloop. Ja nee, slim vang sy baas!

Dok Piet se Kalahari besoek

Dit was in die tyd toe Dokter Piet Botes nog op Bethal 'n praktyk gehad het. Daardie tyd het hy alreeds die plaas agter die Soutpansberg besit en wou gemsbokke in die Kalahari gaan koop om op die plaas af te laai.

Na heelwat gesoek en rond vraery by ander boere, kom hy toe af op Albert Stadler, wat 'n privaat natuurreservaat (ek dink die naam daarvan was Gazemab, nie seker hoe om dit te spel nie) in die Kalahari besit het wat hom blykbaar sou kon help (vandag behoort hierdie hele area aan die Mier gemeenskap). Hy bel die mense en spreek af dat hulle vir hom veertig gemsbokke sou vang, en ook vervoer na sy plaas naby Messina.

Dok Piet is nie lus om die lang stuk pad vanaf Bethal na Mier, naby die Twee Rivieren ruskamp in die Kalahari Gemsbok park, met 'n voertuig aan te pak nie, dus huur hy 'n privaat vier-sitplek vliegtuig met 'n vlieënier vir hierdie doel. Dok Piet vat sy swaer saam en die vlieënier sal sy vriend, wat ook 'n vlieënier is saamvat. Albei van hulle is predikante.

Die vlieënier is niemand anders as Francois Boshof, 'n dominee van Ermelo en 'n ou vriend van Dok Piet. Ou inwoners van Tzaneen behoort hom nog te ken, want hy het hier groot geword. Sy pa was ouderling in die Tzaneen Hervormde kerk vir so lank as wat ek kan onthou – 'totdat hy 'n paar jaar voor sy dood by een van sy kinders gaan bly het. So, ek het vir Francois taamlik goed geken, en het vir hom en sy broer Piet toevallig nou die dag op Tzaneen raakgeloop.

Francois het sy vlieëniers lisensie 'n rukkie voor hierdie vlug gekry, en was waarskynlik ook begerig om sommer 'n hele paar vliegure agter sy naam te kry. Maar miskien was hy toe dalk nog nie so ervare met navigasie en kaartlees nie, want op 'n stadium, nadat hulle al baie ure gevlieg het, hoor hulle skielik 'n taamlike kil stem oor die radio: "You are illegally flying over Botswana air space, please turn around or action wil be taken against you!"

Sien, hulle vlieg mos gewoonlik na sekere radiobakens toe, maar die laaste baken was op Lichtenburg, en Mafeking se baken was nog nie in werking nie. Dus moes hulle vanaf Lichtenburg volgens die kompas vlieg. En so het hulle toe 'n hele ruk lank onwetend oor Botswana gevlieg.

Natuurlik het Francois (en die ander) taamlik geskrik toe hulle die waarskuwing hoor, en haastig draai hy die vliegtuig se neus suidwaarts. Toe hulle eindelik redelik seker is dat hulle weer oor Suid Afrika vlieg, koers hulle weswaarts. Dan herken Dok Piet die grootpad Suidwes toe, en hulle volg hierdie pad oor Vryburg tot op Kuruman. Nadat hulle op Kuruman die vliegtuig vol brandstof gemaak het, volg hulle die Nossob rivier in die rigting van die Kalahari Gemsbok park.

Albert Stadler het hulle vertel dat hy 'n landingsplek op sy reservaat het – dis in 'n pan, en hy het blykbaar ou binnebande langs hierdie aanloopbaan gepak om dit uit te merk. Nou vlieg hulle gespanne voort, want dis al laat namiddag en hulle sien nog nie 'n teken van hierdie aanloopbaan nie.

Later begin hulle baie bekommerd raak, want dis al amper skemer en hulle gewaar nog niks. Uiteindelik, toe dit al amper donker is, sien hulle geboue wat lyk asof dit die Twee Rivieren ruskamp kan wees. Nou soek hulle vir 'n aanloopbaan, en gewaar dan iets wat lyk asof dit dalk 'n landingstrook kan wees, maar dit lyk asof daar lanklaas onderhoud op gedoen is, en dis toegegroei met redelike lang gras.

Maar hulle kan nie anders nie – nou moet hulle land voordat dit heeltemal donker is. Die landing is, om dit sagkens te stel, 'n taamlik senutergende ervaring. Die vliegtuig bokspring en Francois moet net kophou om hulle veilig op die grond te kry – en op die grond te hou! Hulle slaak almal 'n sug van verligting as hulle uiteindelik tot stilstand kom voor 'n gehawende sinkgebou, wat dalk op sy dag moontlik 'n vliegtuigloods ("hanger" in Engels) kon gewees het. Hulle stoot die vliegtuig in die loods in.

Maar die plek is heel verlate. Daar is nêrens 'n mens of 'n gebou of enigiets in sig nie. Na 'n bietjie beraadslaging besluit hulle dat Dok Piet en sy swaer na die Twee Rivieren ruskamp sal loop en kyk of hulle dalk slaapplek vir die nag kan kry, terwyl Francois en sy vriend by die vliegtuig sal bly om dit op te pas. Die twee loop in die donker na die kamp, dis nogal 'n hele ent soontoe, en in die nag voel dit natuurlik nog baie verder.

By die kamp aangekom, vind hulle dat die hek gesluit is, daar is ook nie 'n wag by die hek nie. Nou loop hulle maar langs die heining af om te kyk of hulle nie iemand kan sien wat hulle kan roep nie. 'n Ent langs die heining af, gewaar hulle 'n swart man by 'n vuurtjie, wat, so lyk dit, besig is om na 'n draagbare radio te luister.

Nou roep hulle na hom, maar hy hoor skynbaar niks – sy radio se klank is seker te hard. Hulle roep al harder, maar nog is daar geen reaksie nie. Dok Piet loop om die hoek van die heining, dit lyk asof dit nader aan die man is. Nou skreeu hy behoorlik uit volle bors. Uiteindelik kry hulle darem die man se aandag getrek, en hy kom nader aan die heining.

"Wie is julle en wat wil julle hê?" vra, hy, skynbaar skrikkerig en wantrouig oor die twee manne wat hier uit die donker Kalahari kom en hom konfronteer.

"Ons het met 'n vliegtuig gekom en op die aanloopbaan geland," beduie hulle, "en ons soek nou slaapplek vir die nag en iemand met 'n bakkie om ons twee vriende te gaan haal."

"Onmoontlik," sê die man, "die hekke is klaar gesluit en ek het nie die sleutel nie. Maar ek sal gaan soek vir die man wat die sleutel het. Gaan wag julle solank by die hek."

Na 'n baie lang wag, kom die man met die sleutel uiteindelik vir hulle die hek oopsluit. Hulle vertel hom van die ander twee manne by die vliegtuig en vra of iemand dalk 'n bakkie beskikbaar het sodat hulle die manne kan gaan haal.

"Miskien kan die man wat die winkel het, julle help," sê die wag. "Die winkel is al toe, maar ek sal julle na sy huis toe vat."

Hulle gaan klop aan by die winkelier se huis, en na 'n hele rukkie se wag, maak die man die deur oop. Nadat hulle vir hom verduidelik het van die twee predikante wat by die vliegtuig wag, sê die man: "Nou hoekom het julle nie op die nuwe aanloopbaan geland nie, dis dan net hier by die kamp, in die rivier."

"Ons het nie geweet daarvan nie," sê dok Piet, "dit was al amper donker, en ons was net te bly om darem 'n plek te kry waar ons kan land voordat dit heeltemal donker was."

"Nou dan moet ons hulle dadelik gaan haal," sê die winkelier, "dis uiters gevaarlik daar. Net laas week het 'n leeu 'n man uit daardie einste sinkgebou gaan haal en hom opgevreet!'

Hulle gaan haal die twee manne en is taamlik bekommerd op pad soontoe, of die twee manne ooit nog daar sal wees en of hulle nie dalk ook al gevang is nie. Daardie leeu het nou al een keer mensvleis geproe, wie sê hy sal nie weer gaan kyk of daar dalk nog 'n lekkerny uit daardie sink-loods gaan kom nie? Hulle is baie verlig om die twee darem lewendig aan te tref, alhoewel albei taamlik wit in die gesig was toe hulle hoor van die leeu!

Terug by die kamp, reël die winkelier vir hulle twee hutte om in te slaap. Hulle braai 'n vleisie en na ete sê Francois: "Ek ken hierdie le Riche parkehoof se vrou, haar naam is Doempie. Ek kan nie hier weggaan voordat ek haar darem gegroet het nie."

Hulle vind uit by die winkelier waar meneer le Riche se huis is, loop soontoe en klop aan die deur. Maar die vrou wat die deur oopmaak, is glad nie die vrou wie Francois ken nie!

"Kan ek help?" vra sy.

"Ek is jammer," sê Francois, "ek het gedog jy is Doempie le Riche, wie ek van skooldae af ken – sy

178

het op Gravelotte grootgeword en ek ken haar van my grootword dae op Tzaneen."

"O," sê die vrou, "sy is my man se broer Elias se vrou, hulle bly in 'n ander kamp. Maar hulle kom more hierheen dan kan jy haar dalk sien. Maar kom in, dan gee ek vir julle koffie."

Na die koffie en bietjie gesels, loop die vier na hulle huisies en gaan slaap – dit was 'n lang en spanningsvolle dag!

Die volgende dag soek hulle 'n geleentheid na Albert Stadler se plaas, of ten minste 'n bakkie om brandstof na die vliegtuig toe aan te ry, want met die vorige middag se gesoek na die plaas, het hulle baie min brandstof in die vliegtuig oor. Dit was dan ook die ander rede dat hulle maar dadelik geland het toe hulle die aanloopbaan opgemerk het.

Terwyl hulle nog (onsuksesvol) daarmee besig was, kom oom Elias le Riche daar aan. Nadat hulle gegroet het en hy verneem het wat die vorige aand gebeur het, trap hy hulle sommer net daar van 'n kant af uit: "Hoe kan julle so onnosel wees om daar te land en in die donker kamp toe te loop? Dit was 'n uiters gevaarlike en domastrante ding om te doen. Daar is dan net laasweek iemand in daardie sinkgebou deur 'n leeu gevang, toe die man daar wou wegkruip!"

"Ons het nie 'n ander keuse gehad nie," sê Dok Piet, "dit was feitlik donker en ons brandstof was byna gedaan en ons het nie geweet dat daar 'n nuwe aanloopbaan hier naby was nie."

Net toe stop daar 'n bakkie, met 'n leê 200 liter brandstof drom op die bak, by die petrolpompe. Dok Piet verskoon homself en loop haastig soontoe, om te hoor of die man hulle nie dalk sal kan help om petrol na die vliegtuig toe te ry nie, en dalk vir hulle te beduie waar die plaas is nie.

Maar wat was sy verbasing (en blydskap) groot toe hy uitvind dat die eienaar van die bakkie die einste Albert Stadler is waarheen hulle op pad is! Hulle maak die drom vol petrol (daar is natuurlik nie vliegtuig petrol beskikbaar nie, so hulle sal maar gewone petrol in die vliegtuig moet gooi), en Albert neem hulle na die vliegtuig.

Hy laai die twee predikante en sy kleurling handlanger daar af, met die opdrag dat die kleurling saam met hulle moet vlieg om hulle te wys waar sy aanloopbaan in die pan is. Hulle maak eers die vliegtuig vol petrol en toe hulle opstyg, ry Dok Piet en sy swaer saam met Albert in sy bakkie plaas toe.

By die plaashuis aangekom, merk hulle dadelik die trok en sleepwa met die paar gemsbokke op die bak, op. Maar dis dan 'n klomp baie jong diere – party is feitlik nog kalwers! En daar is ook verseker nie 40 diere op die bak nie.

Nou is Dok Piet glad nie meer lus om hierdie gemsbokke ta koop nie,en hy sê vir Albert: "Hierdie bokke sal mos nooit oorleef nie, hulle is nog hopeloos te jonk en nie eers sterk genoeg om die rit Messina toe te maak nie!"

Nou begin Albert met allerhande teenargumente, en naderhand gee hy vir Dok Piet 'n groot afslag op sy oorspronklike prys. Dok Piet aanvaar dit toe ook maar, teen sy beterwete. Maar na al die ondervindinge wat hulle tot dusver beleef het, wil hy darem nie sonder gemsbokke huis toe gaan nie.

"Hoe vang julle die bokke?" vra hy vir Albert.

"Kom saam, dan gaan wys ek jou," sê Albert en stap om die huis. Daar staan twee redelik gehawende Dodge bakkies. Trouens, alles in en om die huis, en die huis self, lyk maar redelik gehawend en ook nie juis so netjies sodat jy dit sal agterkom nie.

Later ry hulle almal saam om nog gemsbokke te gaan vang. Die twee predikante ry saam met die seun in een bakkie, Dok Piet en sy swaer ry saam met Albert. Die proses is redelik eenvoudig: hulle jaag die gemsboktrop en keer dan die jonges eenkant af. Dan spring sy honde af, en terwyl hulle die gemsbok aan die agterbeen vashou, gryp die handlangers die voorlyf en druk twee plastiekpype oor die horingkies. Dan het hulle 'n stuk rubber vervoerband met vier gate in, wat op die grond geplaas word, en waarin die vier pote van die bok dan in die gate gedruk word. En dan staan die bok, dit kan nêrens heen nie. Dan laai hulle dit met rubbermat en al op die bakkie.

Dan skreeu Albert eers op sy handlangers: "Vier pompe!"

Nou moet hulle eers elke wiel vier pompe met die handpomp gee! Dan ry hulle weer verder.

Nadat hulle nog 'n paar gevang het, ry hulle huis toe. Dis maar met 'n beswaarde gemoed dat Dok Piet die gemsbokke op die trok en treiler beskou – hy wonder hoeveel van hierdie diere lewendig op Messina gaan aankom. Hy het, voordat hy op Bethal weg is, versekering op die vervoer van die bokke uitgeneem, maar of dit iets werd gaan wees, weet hy nie. Want die versekering dek net die bokke in die geval van 'n ongeluk, en nie vir enige bok wat dalk van ontbering kan vrek nie.

Nadat Albert hulle teruggevat het vliegtuig toe, en 'n stresvolle maar gelukkig ongelukvrye opstyg vanaf die vervalle aanloopbaan, vlieg hulle darem sonder enige verdere probleme terug huis toe.

'n Paar dae later, tydens die Paasnaweek, kry Dok Piet 'n telefoon oproep – die trok wat die gemsbokke vervoer het, was in 'n ongeluk betrokke! Tussen Potgietersrus en Pietersburg het 'n Land Rover blykbaar voor hulle ingery. Onthou dit was nog op die ou pad, voordat daar 'n snelweg was, en elke Paasnaweek was daardie pad maar 'n nagmerrie op sy beste. Want duisende karre het vanaf die Rand na Zion City Moria by Boyne (tussen Pietersburg en Tzaneen) gery op so 'n naweek.

Dok Piet was reeds op die plaas, en het dadelik na die ongelukstoneel gejaag. 'n Hele paar van die gemsbokke het dood op die bak gelê. En alhoewel Dok Piet dit natuurlik nie vir die versekeringsmaatskappy sou sê nie, het dit vir hom gelyk asof party van die bokke al vóór die ongeluk reeds dood was! Maar nou ja, gelukkig het hy darem, omdat dit 'n ongeluk was, 'n gedeelte van sy geld teruggekry by die versekering.

Hy het van daar af gery plaas toe, nadat hy eers 'n klomp drups in die hande gekry het, en op die plaas vir die trok gewag. Hy het dadelik, met hul aankoms op die plaas, die beseerde bokke begin behandel, en al die bokke op drups gesit. En op die ou end het hy net agt van die veertig gemsbokke deurgehaal!

Nou sal mens seker tot die gevolgtrekking kan kom dat die hele operasie eintlik een groot gemors was. Maar na al die jare kom mens tot die gevolgtrekking dat dit nie rêrig waar is nie – ten minste het hulle 'n baie interressante avontuur belewe, en die beste van die hele affering is: as dit nie alles net so gebeur het nie, sou ek nooit Dok Piet se storie in hierdie boek kon skryf nie!

Printed in Great Britain
by Amazon

8df3f22c-a539-4824-9f2d-4fba594489c7R01